PROTEJA SEU FILHO DO
BULLYING...

ALLAN L. BEANE, Ph. D.

PROTEJA SEU FILHO DO
BULLYING

IMPEÇA QUE ELE MALTRATE OS COLEGAS OU SEJA MALTRATADO POR ELES

Tradução
Débora Guimarães Isidoro

CIP-BRASIL. CATALOGAÇÃO-NA-FONTE
SINDICATO NACIONAL DOS EDITORES DE LIVROS, RJ.

B35p

Beane, Allan L., 1950-
    Proteja seu filho do bullying / Allan L. Beane; tradução: Débora Guimarães Isidoro. – Rio de Janeiro: Best*Seller*, 2010.

    Tradução de: Protect your child from bullying
    Apêndice
    Inclui bibliografia e índice
    ISBN 978-85-7684-281-1

    1. Assédio nas escolas – Prevenção. 2. Assédio – Prevenção. 3. Responsabilidade dos pais. I. Título

09-5949

CDD: 371.58
CDU: 37.064

Texto revisado segundo o novo Acordo Ortográfico da Língua Portuguesa.

Título original norte-americano
PROTECT YOUR CHILD FROM BULLYING
Copyright © 2008 by Allan L. Beane.
Copyright da tradução © 2009 by Editora Best Seller Ltda.

Capa: Rafael Nobre
Editoração eletrônica: Abreu's System

Todos os direitos reservados. Proibida a reprodução,
no todo ou em parte, sem autorização prévia por escrito da editora,
sejam quais forem os meios empregados.

Direitos exclusivos de publicação em língua portuguesa
para o Brasil adquiridos pela
EDITORA BEST SELLER LTDA.
Rua Argentina, 171, São Cristóvão
Rio de Janeiro, RJ – 20921-380
que se reserva a propriedade literária desta tradução.

Impresso no Brasil

ISBN 978-85-7684-281-1

Seja um leitor preferencial Record
Cadastre-se e receba informações sobre nossos lançamentos e nossas promoções.

Atendimento e venda direta ao leitor
mdireto@record.com.br ou (21) 2585-2002

AGRADECIMENTOS

Minha gratidão a todos que me ajudaram com conselhos, informação e comentários durante a preparação deste livro. Um agradecimento especial à minha esposa, Linda Beane, por sua atenta revisão e por seus conhecimentos e sua capacidade de editar textos. Também reconheço e sou grato por seus insights, amor e apoio durante a realização deste projeto. Agradeço especialmente a Darlene Gibson, pela revisão minuciosa de um manuscrito anterior. Quero expressar minha sincera gratidão a Kate Bradford, editora sênior na Jossey-Bass. Obrigado por sua assistência editorial, suas ideias e seu incentivo.

SUMÁRIO

Prefácio	9
Introdução	11
1. A natureza do bullying	17
2. Sinais indicativos	33
3. Possíveis causas de bullying	39
4. Dar a seu filho um bom começo	57
5. Promover a aceitação de seu filho	85
6. Como ajudar seu filho quando ele é vítima de bullying	93
7. Prevenir o cyberbullying	131
8. Bullying na vizinhança	145
9. Dicas de apoio para irmãos	155
10. Quando é o seu filho que maltrata os outros	159
11. Quando seu filho é um espectador	179
12. Por que algumas vítimas retaliam, se autoflagelam ou cometem suicídio	185
13. Trabalhe junto com a escola de seu filho	205
Conclusão	211
Anexo: Questões de revisão da criança	213
Notas	215
Bibliografia	219
Índice	229
Sobre o autor	235

Este livro é dedicado a nosso filho, Curtis Allan Beane, que foi vítima de bullying no sétimo ano e durante o ensino médio. Também é dedicado à nossa filha, Christy Turner; a nosso genro, Mike Turner; e a nossos netos, Emily Grace Turner, Sarah Gail Turner e Jacob Allan Turner. Eles foram nossa luz quando nos sentíamos na escuridão, depois da morte de Curtis. Espero que este livro e seus leitores possam trazer luz à escuridão na vida de crianças maltratadas.

PREFÁCIO

Há vários anos, o sofrimento dos maltratatos perturbou nosso lar. Quando nosso filho, Curtis, estava no sétimo ano, foi intimidado por vários alunos da escola e acabou isolado. Minha esposa e eu decidimos transferi-lo para outro sistema educacional. Nessa nova escola, ele encontrou aceitação e um sentimento de pertencimento. Porém, aos 15 anos, Curtis sofreu um acidente de automóvel que mudou sua vida.

Minha esposa e eu tivemos de dar autorização para os cirurgiões removerem dois dedos e um terço de sua mão direita. Ele teve outros dois dedos reparados e um terceiro reconstruído. Quando voltou para a escola, muitos colegas o apoiaram e incentivaram. Infelizmente, muitos foram cruéis. Mais uma vez, eu me perguntei: "Como crianças podem ser tão cruéis?" Havia dentro de mim um clamor por respostas. Eu queria saber se podia impedir o desenvolvimento da crueldade, e queria detê-la depois de já se ter desenvolvido.

Também havia um clamor em meu filho, mas esse era mais profundo e mais intenso que o meu. O bullying havia causado um tremendo impacto em sua autoestima, confiança e saúde emocional, um efeito que se estendeu mesmo em sua vida adulta. Aos 23 anos, ele sofria de depressão e ansiedade. Desenvolveu estresse pós-traumático em consequência do acidente de automóvel e dos persistentes maus-tratos de seus colegas. Ele também buscou a companhia de pessoas erradas. Desesperou-se para escapar da dor e recorreu a drogas ilícitas. Tinha um problema cardíaco desconhecido por todos, e a droga o matou.

Agora vocês entendem por que sou tão apaixonado pela ideia de impedir e deter o bullying e por que escrevi este livro para os pais.

10 PROTEJA SEU FILHO DO BULLYING

Entendo a dor manifestada pelas crianças que são maltratadas e o sofrimento experimentado por seus pais. Quero deter essa dor.

Por favor, venham comigo levar luz à escuridão das crianças que passam por isso diariamente. Espero que vocês e suas famílias sejam abençoados com saúde, paz e felicidade, e que atuem como instrumentos para promover a aceitação e o sentimento de pertinência nos outros. Qualquer criança que eu puder ajudar por meio das ações de meus leitores e suas famílias será uma homenagem e um meio de dar propósito à vida de meu filho.

O bullying pode ser visto em qualquer vizinhança, escola e sistema educacional. Para impedir e reduzi-lo, é preciso haver um esforço sistemático em cada estabelecimento. Deve haver um comprometimento de todos no sentido de impedir e interromper o bullying. É preciso que os adultos se envolvam, inclusive os pais e outras pessoas da comunidade. Esse tipo de compromisso nem sempre existe. É difícil acreditar, mas ouvi diretores de escola afirmando que não havia bullying em seus sistemas educacionais. Um adulto negar ou ignorar a existência da agressão é a pior coisa que pode acontecer para as crianças, a escola, a comunidade. Quando os adultos se envolvem e mobilizam a energia de funcionários da escola, pais, representantes da comunidade e crianças, o bullying pode ser prevenido e interrompido, ou, pelo menos, reduzido de maneira significativa. Sempre me pergunto se algum dia poderemos realmente eliminá-lo — considerando a natureza do ser humano. Porém, sou extremamente esperançoso.

Espero que encontrem neste livro uma fonte útil de informação. Ele vai impedir que seu filho seja vítima de maus-tratos e, se já estiver sendo maltratado, vocês terão a esperança de que o problema será solucionado, e seu filho seguirá em frente, construindo uma vida feliz, gratificante.

Allan L. Beane

INTRODUÇÃO

Você já sabe por experiência que ser pai não é tarefa fácil. Parece que, hoje em dia, a tarefa é ainda mais complicada, e os pais precisam de orientação mais do que nunca. É uma triste ironia que treinemos pessoas para preencher os requisitos de quase todas as funções, *exceto* para o mais importante trabalho do mundo: o de criar os filhos. A violência que vemos em nossas comunidades e escolas reflete nossa negligência em prover orientação para os pais. Os pais carecem gravemente de conhecimento e habilidades quando se trata de manter seus filhos seguros nas ruas e nas escolas.

Este livro foi projetado para ensinar algumas dessas habilidades. Foi escrito para vocês, pais, e vai ajudá-los a impedir que seu filho se torne vítima do bullying. Se seu filho já está sofrendo com a agressão, esta obra o ajudará a interromper esses maus-tratos e a dar esperança a ele. Espero que esta seja uma ferramenta informativa, prática e útil, com importantes informações sobre bullying, bem como sugestões e dicas efetivas para você ajudar seus filhos.

Ao longo do livro, repito certos temas. Essa repetição é intencional, porque espero que você e sua família nunca os esqueçam.

Temas importantes

- Todos precisam entender a natureza e a seriedade do bullying.

- A violência na escola é um problema que nos afeta psicologicamente, por isso é preciso mudar mentalidades.

- Todos devemos valorizar e viver a Regra de Ouro: tratar os outros como você quer ser tratado.

- Todos devemos nos empenhar em ser pacificadores.

- Ninguém merece ser maltratado, e não devemos tolerar maus-tratos.

- Para impedir e deter o bullying, os funcionários das escolas, alunos, pais e outros membros da comunidade devem trabalhar juntos. Pais e seus filhos têm papel fundamental nesse esforço.

Visão geral do conteúdo

Sua primeira tarefa como pai é aprender o máximo possível sobre a natureza do bullying. Se você não entende o problema, é mais difícil ajudar seu filho. O Capítulo 1, "A natureza do bullying", traz esse tipo de informação — a definição de bullying e a descrição dos tipos de comportamentos que criam essas situações. Você também vai aprender como o comportamento agressivo de meninos e meninas difere. Como a maioria dos casos de bullying ocorre em segredo, os adultos frequentemente subestimam o problema. Portanto, esse capítulo também vai discutir descobertas de pesquisas com relação à frequência das agressões e onde sua ocorrência é mais provável. A última parte desse capítulo apresenta, então, a solução para impedir e interromper o bullying em todos os ambientes.

O Capítulo 2, "Sinais indicativos", discute por que as crianças constantemente deixam de relatar o bullying aos pais e a outros adultos. Seu filho pode não contar a você, por isso é importante conhecer os sinais indicativos de que uma criança está sendo maltratada ou intimidando outras.

Sabemos que as crianças podem ser cruéis, mas nem sempre discutimos por quê. O Capítulo 3, "Possíveis causas de bullying", apresenta um exame abrangente das causas possíveis desse problema. Quando desenvolvi meu programa antibullying, passei boa parte da pesquisa inicial identificando essas possíveis causas, porque acredito que essa é a etapa fundamental para encontrar soluções.

Ser pai ou mãe tem suas bênçãos e suas dificuldades. As responsabilidades são imensas, e às vezes nos afogam. Todo bom pai quer que seus filhos sejam capazes de lidar com os desafios associados aos novos relacionamentos, e é seu objetivo que os filhos sejam sensíveis, resistentes e que tenham consideração e atenção para com os outros. O Capítulo 4, "Dar a seu filho um bom começo", vai proporcionar a você excelentes estratégias práticas e efetivas para ajudar as crianças a se desenvolverem em jovens e adultos dotados de autocontrole, saudável autoestima e empatia.

Nenhuma criança merece ser maltratada e rejeitada. Porém, às vezes, as crianças precisam fazer algumas mudanças para aumentar as probabilidades de aceitação. O Capítulo 5, "Promover a aceitação de seu filho", oferece uma gama de estratégias para ajudar seu filho a ser aceito e se sentir pertinente, mas manter-se fiel a ele mesmo e a seus valores.

Quando uma criança é intimidada, quase sempre se sente impotente e indefesa, e se os pais descobrem que o filho é vítima de bullying, não é incomum que também se sintam dessa maneira. O que você deve fazer se descobrir que seu filho é vítima de intimidação? O Capítulo 6, "Como ajudar seu filho quando ele é vítima de bullying", responde a essa questão.

O cyberbullying é um problema crescente. As crianças estão usando computadores, celulares e outros equipamentos eletrônicos e meios que podem servir para maltratar outros indivíduos. O Capítulo 7, "Prevenir o cyberbullying", descreve alguns passos importantes para impedir que seu filho seja vítima dessa modalidade de agressão.

O problema está em todos os lugares. Por vezes as crianças são intimidadas não só na escola, mas também nas ruas da vizinhança onde moram. Conheci pais que chegaram a pensar em se mudar, porque não conseguiam encontrar uma resposta para esse problema. O Capítulo 8, "Bullying na vizinhança", é uma exploração de medidas preventivas que você pode adotar, caso seu filho seja intimidado nas ruas de seu bairro.

Irmãos mais velhos e mais fortes, ou simplesmente mais populares, desempenham um importante papel no esforço para ajudar o irmão que é vítima de bullying. Seja na escola ou na vizinhança e na comunidade, os irmãos podem tomar atitudes para interromper a agressão. O Capítulo 9, "Dicas de apoio para irmãos", contém sugestões que você pode dividir com os irmãos de seu filho.

Da mesma forma que parte o coração dos pais ver um filho ser maltratado, também é doloroso para os bons pais que não conseguem encontrar maneiras efetivas de impedir que o filho maltrate outras crianças. Não devemos presumir que todos os pais de crianças que maltratam outras são maus pais, ou que são violentos ou abusivos. Os pais precisam compreender que seus filhos podem se tornar intimidadores, e devem tomar providências para que isso não ocorra. O Capítulo 10, "Quando é o seu filho que maltrata os outros", é um capítulo que não deve ser deixado de lado pelos pais de crianças maltratadas, e é leitura obrigatória para os pais de intimidadoras.

Com relação ao bullying, as crianças podem ser vítimas, algozes, seguidoras ou espectadoras. Os seguidores e espectadores têm papel mais importante do que você pode imaginar no ato do bullying. Seguidores são aqueles que se juntam ao intimidador ou riem ou incentivam a agressão de outras maneiras. Os seguidores não são necessariamente amigos daqueles que praticam o bullying. Eles podem seguir o intimidador simplesmente para não se tornarem vítimas. Espectadores são as crianças que ignoram os maus-tratos ou que se mantêm afastadas e riem. Em nosso programa antibullying (o Programa Bully Free), procuramos fortalecer os espectadores. Normalmente, eles são crianças que têm bom coração e precisam aprender a tomar uma atitude contra o bullying. O Capítulo 11, "Quando seu filho é um espectador", diz como você pode fortalecer seu filho que é um espectador.

Os pais precisam compreender os sentimentos e pensamentos que ocasionalmente levam as vítimas a fazer escolhas trágicas. O Capítulo 12, "Por que algumas vítimas retaliam, se autoflagelam ou cometem suicídio", foi desenvolvido para ajudar os pais a entenderem o caminho que algumas vítimas trilham do sofrimento ao medo, à ansiedade dominante, à raiva, ao ódio, à fúria, e depois à retaliação, ao autoflagelo ou ao suicídio.

Infelizmente, nem todas as escolas têm programas antibullying. Algumas usam material e recursos antibullying. Outras ainda nem iniciaram um esforço efetivo para prevenir e deter o problema. Alguns estados americanos aprovaram leis exigindo que as escolas tenham, pelo menos, políticas e procedimentos para lidar com esse tipo de agressão. Você pode desempenhar um papel importante no incentivo aos esforços antibullying. O Capítulo 13, "Trabalhe junto com a escola de seu filho", diz o que você pode fazer para estimular a escola de seu filho a desenvolver um programa para toda a instituição e como pode apoiar um programa desse tipo.

1

A natureza do bullying

Caro Dr. Beane:

*Estive na apresentação para os pais que você fez
há algumas semanas em nosso sistema escolar.
Senti-me inspirada por seu conhecimento e
pela paixão com que luta para prevenir e deter
o bullying. A história de seu filho partiu meu
coração. Tenho muito medo por meu filho.
A história de seu filho soou muito parecida com a
dele. Conversei várias vezes com os professores
e com o diretor da escola. Eles parecem não
entender a dor causada pelos maus-tratos
sofridos por meu filho. Lamento que eles não
tenham estado presentes na apresentação.
Quando explico o que está acontecendo com meu
filho, eles parecem subestimar os fatos dizendo
ser apenas um conflito normal, e dizendo que
as crianças precisam aprender a lidar com os
conflitos. Como posso mudar esse pensamento?
Como posso ajudá-los a ver que meu filho está
sendo destruído pelo bullying?*

É importante que você saiba diferenciar o bullying de um conflito normal. Alguns tipos de conflito são parte da vida. Nem todo conflito necessariamente fere, e lidar com essas situações pode ajudar a preparar seu filho para a vida de maneira positiva. Portanto, não se precipite quando observar conflito entre seu filho e as outras crianças. Porém, se você constatou que, de fato, está

18 PROTEJA SEU FILHO DO BULLYING

ocorrendo bullying, deve interferir e ensinar a seu filho as habilidades necessárias para detê-lo. O comportamento excede os limites do conflito normal quando:

- Tem o objetivo de ferir e prejudicar seu filho.

- Parece intenso e tem ocorrido por um significativo período de tempo.

- A pessoa que intimida seu filho procura ter poder e controle sobre ele.

- Não há pedidos de desculpas.

- O comportamento tem impacto negativo sobre seu filho.

O que é bullying?

Compreender o bullying é um passo importante para ajudar seu filho. Quando não entendemos completamente o problema, lidamos apenas com seus sintomas, e não com as causas em sua raiz. Depois de ler este livro, você pode ter mais conhecimentos sobre o bullying do que muitos professores e ser capaz de liderar, ou pelo menos estimular, esforços antibullying na escola de seu filho. As próximas páginas foram projetadas para muni-lo de fatos sobre essas agressões.

O termo *bullying* descreve uma ampla variedade de comportamentos que podem ter impacto sobre a propriedade, o corpo, os sentimentos, os relacionamentos, a reputação e o status social de uma pessoa. Bullying é uma forma de comportamento agressivo e direto que é intencional, doloroso e persistente (repetido). Crianças vítimas de maus-tratos são debochadas, assediadas, socialmente rejeitadas, ameaçadas, caluniadas e assaltadas ou atacadas (verbal, física e psicologicamente) por um ou mais indivíduos. Há níveis desiguais de reação (isto é, a vítima fica perturbada e aborrecida, enquanto o perpetrador se mantém calmo) e um frequente desequilíbrio de força (poder e dominação).[1] Esse desequilíbrio pode ser físico ou psicológico — ou seu filho pode ser apenas a minoria.

Há ocasiões em que o bullying pode ser considerado violento. Todo bullying é sério, mas, quando ele é intenso e perdura por um período significativo, é muito sério — é violento. Na verdade, o bullying é a forma mais comum de violência escolar — e de um tipo muito destrutivo para o bem-estar da criança, que a faz causar mal a si mesma e a outros.

Algumas das palavras-chave em nossa definição de bullying são *intencional, doloroso, persistente* e *desequilíbrio de força*. Portanto, comportamentos como brincadeiras e piadas, que não têm a intenção de magoar e não são persistentes, não é considerado bullying. Porém, até mesmo a brincadeira e o deboche bem-humorado podem progredir facilmente para uma situação de intimidação. Os que têm poder sobre a criança podem usar repetidamente os comentários jocosos para magoá-la.

Qual é a aparência do bullying?

Comportamentos de bullying surgem de formas variadas: físicos, verbais, sociais e relacionais. Quando se trata de crueldade, as crianças têm uma criatividade incrível. Na verdade, seria muito difícil relacionar todos os comportamentos que compõem uma situação de intimidação. Mas vamos dar uma olhada em alguns deles:

Bullying Físico

Comportamentos de bullying de natureza física incluem:

- Bater, dar tapas, cotoveladas e empurrões com os ombros.

- Empurrar, forçar com o corpo, colocar o pé na frente.

- Chutar.

- Tomar, roubar, danificar ou desfigurar pertences.

- Restringir.

- Beliscar.

20 PROTEJA SEU FILHO DO BULLYING

- Enfiar a cabeça da outra criança no vaso sanitário.

- Enfiar outra criança no armário.

- Atacar com comida, cuspe, e assim por diante.

- Ameaças e linguagem corporal intimidadora.

É importante não minimizar esses comportamentos. Todos podem ser danosos, inclusive os que parecem apenas "brincadeira bruta". Um menino de 9 anos disse: "Quando alguém o empurra na frente dos colegas e você cai, é muito embaraçoso e humilhante." Restringir alguém contra sua vontade também pode ser muito doloroso, porque é um ato frequentemente acompanhado por algum outro comportamento impróprio. Por exemplo, uma menina de 16 anos foi mantida no chão por um grupo de garotas que rabiscou seu rosto com um marcador de texto permanente. Não é difícil imaginar o quanto ela ficou ferida emocionalmente.

Beliscar e muitas outras formas de bullying físico estão sob o radar dos professores. Uma professora me contou sobre uma menina de 8 anos que, no final do ano, relatou que o garoto que sentava atrás dela havia beliscado suas costas o ano inteiro. Ela apresentava hematomas por toda a região. A professora não sabia que isso estava acontecendo, porque a menina tinha medo de contar a ela.

Quando falo para um grupo de estudantes, não é incomum que um número significativo deles levante a mão quando pergunto: "Quantos aqui já tiveram a cabeça enfiada no vaso sanitário?" O nome disso é "redemoinho". Em uma escola, cujo diretor disse ao jornal local que não havia bullying em sua jurisdição, cerca de um quarto dos alunos disse já ter tido a experiência do "redemoinho". Ser empurrado para dentro do próprio armário quase todos os dias também não é raro. Conheci vários estudantes que não usavam mais os armários, porque sabiam que seriam vítimas de maus-tratos ali. Eles carregavam todo o material escolar em suas mochilas.

Bullying verbal

O bullying verbal às vezes pode ser mais doloroso que o físico. Infelizmente, algumas crianças aprendem muito depressa que "paus e pedras podem quebrar meus ossos, mas palavras podem ferir mais e por muito mais tempo". Seguem alguns exemplos de comportamentos de bullying verbal:

- Apelidos ofensivos.

- Comentários insultuosos e humilhantes.

- Provocação repetida.

- Comentários racistas e assédio.

- Ameaças e intimidação.

- Cochichar sobre a criança pelas costas.

O bullying verbal pode ser muito destrutivo ao bem-estar das crianças. Quando falo com estudantes, tento ilustrar esse ponto batendo com um punho fechado em uma maçã. Depois, pergunto: "O que vai acontecer com esta maçã?" É claro que eles respondem: "Ela vai ficar machucada." Quando você olha pelo lado de fora da maçã, ela não parece danificada, mas está. Quando você xinga alguém, não parece ferir essa pessoa, mas isso a machuca por dentro.

Muitas vezes, o bullying físico é acompanhado pela agressão verbal. A seguinte mensagem eletrônica de um pai descreve bem essa combinação:

Caro Dr. Beane:

Tenho enfrentado problemas com meu filho de 7 anos. Ele está no segundo ano de uma escola maravilhosa. Fazemos grandes sacrifícios para que ele possa frequentá-la e temos esperanças de que nossos outros dois filhos também a

*frequentem quando forem mais velhos. Em
poucas palavras: meu filho teve a cabeça batida
contra uma parede de tijolos e o pescoço apertado
enquanto dois outros alunos diziam: "É melhor
não contar mais mentiras sobre meu amigo."
Houve muitos casos de bullying verbal ao longo
do ano escolar. Eles disseram coisas como "Cale
a boca, seu estúpido" e "Você vai se arrepender
disso no playground!"*

É claro, o racismo está por trás de muitos casos de bullying. Um menino do sétimo ano me contou que sofria deboches desde o segundo ano, só por causa da cor de sua pele. Então, quando você ajuda as escolas a impedir o bullying, também as ajuda a combater o racismo.

Bullying social e relacional

Quando os pais pensam sobre bullying, a maioria imagina maus-tratos físicos e verbais. Não percebem que a agressão também pode ser social ou relacional. Seguem alguns exemplos dessa forma de bullying:

- Destruir e manipular relacionamentos (por exemplo, jogando melhores amigos um contra o outro).
- Destruir reputações (fofocar, espalhar rumores maliciosos e cruéis e mentir sobre outras crianças).
- Excluir o indivíduo de um grupo (rejeição social, isolamento).
- Constrangimento e humilhação.
- Linguagem corporal negativa, gestos ameaçadores.
- Pichação ou bilhetes com mensagens ofensivas.
- Cyberbullying (feito em páginas na web, e-mail, mensagens de texto e assim por diante).

A natureza do bullying · **23**

Tais comportamentos prevalecem entre as meninas. Recebi certo dia o telefonema de uma diretora que me falou sobre duas meninas que excluíam as outras. Ela relatou que várias garotas haviam voltado para casa chorando, e as mães telefonaram para ela porque as filhas estavam muito aborrecidas. Depois de investigar o problema, a diretora descobriu que essas duas meninas se declaravam tão especiais que, se alguma outra quisesse almoçar com elas na cantina, tinha de se inscrever e esperar para ser selecionada. Quando conto essa história aos grupos de estudantes, sempre me surpreendo com o número de vezes em que escuto relatos sobre meninas que excluíam outras, chegando a adotar rótulos como "As Cinco Reais" ou coisa parecida.

A exclusão é vista frequentemente entre crianças da pré-escola. É comum que elas impeçam outras crianças de brincar com seu grupo, ou encorajem outros colegas a não brincar com alguém.

Boa parte do bullying entre garotas parece derivar de inveja ou ciúme, que leva à raiva, e depois ao esforço para destruir os relacionamentos ou a reputação de alguém. Um exemplo desse comportamento foi descrito na seguinte mensagem de e-mail:

Caro Dr. Beane:

Tenho certeza de que recebe muitos e-mails, mas espero que tenha tempo para me ajudar com esse problema. Minha filha, Brook, é aluna nova em uma escola pequena de ensino médio. Ela é muito bonita e simpática. Na verdade, não acredito que ela jamais tenha conhecido alguém que a repelisse. Brook parece atrair as pessoas para si. É claro, os rapazes dessa nova escola ficaram muito interessados nela, inclusive um em especial que tem uma namorada, mas sempre dá um jeito de se aproximar e conversar com Brook.

*Evidentemente, a namorada dele ficou com
ciúmes e agora chama minha filha de prostituta
e espalha rumores de que ela teve uma série de
colapsos nervosos. À noite, escuto minha filha
chorando em sua cama. Meu coração dói. Não
sei o que fazer. Ela não me deixa telefonar para
os pais da garota e não quer que eu fale com a
direção da escola sobre isso.*

Por que as crianças intimidam?

As crianças intimidam as outras por uma série de razões. Às vezes são impulsivas e destratam um colega sem pensar em suas ações ou consequências. Frequentemente, querem dominar os outros, exercer poder e controle sobre outras crianças para prejudicá-las. Elas gostam de se sentir grandes aos olhos de seus iguais. Porém, elas podem buscar avançar continuamente seu status. Podem ter mais problemas de família do que a média e extravasar a raiva e a frustração nos outros. Para isso, essas crianças escolhem alunos que lhes pareçam mais fracos que elas, exibindo pouca ou nenhuma solidariedade por suas vítimas.

Alguns maltratam os outros porque experimentam ou observam algum tipo de abuso em casa, ou porque não foram apropriadamente disciplinados quando pequenos. Seus pais também podem não ter ensinado a importância do respeito, da sensibilidade, da simpatia e da bondade. Há uma infinidade de outras possíveis causas para o bullying, e tratarei delas no Capítulo 3.

Existem diferentes tipos de bullies?

De acordo com Olweus, há três tipos diferentes de agressores: o bully agressivo, o bully passivo e o bully-vítima.[2] Os agressivos tendem a ser fisicamente fortes, impulsivos, de temperamento explosivo, beligerantes, destemidos, coercitivos, confiantes e desprovidos de solidariedade. Os passivos são inseguros e menos populares que os agressivos. Às vezes, eles têm baixa autoestima, poucas qualidades apreciáveis e é comum que sejam infelizes em casa, com a família. Os bullies-vítimas representam uma pequena porcentagem dos praticantes do bullying. Essas são crianças que foram elas mesmas vítimas de agressão, em casa ou na escola. São tipicamente mais fracas no aspecto físico do que os valentões da escola, mas são mais fortes que aqueles a quem subjugam.

Dieter Wolfe, da University of Hertfordshire, Inglaterra, identificou um quarto grupo de intimidadores: os naturais.[3] Eles parecem ser indivíduos saudáveis que gostam da escola. Usam o bullying para conquistar o domínio. Os bullies naturais parecem simplesmente gostar de intimidar os outros.

Existem tipos diferentes de vítimas?

De acordo com Olweus, há três tipos de vítimas: as passivas, as provocadoras e os bullies-vítimas, já discutidos anteriormente.[4] As vítimas passivas representam o maior grupo de vítimas. Elas não provocam diretamente os bullies; parecem ser alunos fisicamente mais fracos e não se defendem. Também costumam ter poucos amigos, quando os têm. Às vezes são crianças que foram superprotegidas pelos pais. Alguns pesquisadores identificaram subgrupos desse grupo de vítimas.[5] Por exemplo, vítimas indiretas são aqueles alunos que são afetados pelo medo e a ansiedade criados por uma cultura escolar que permite o bullying. Eles temem que possam tornar-se vítimas. Falsas vítimas são aquelas poucas que reclamam com os professores dizendo que foram intimidadas, frequentemente e sem motivo. As vítimas perpétuas são aqueles indivíduos que sofrem agressão durante toda a vida e podem até desenvolver uma mentalidade de vítima.[6]

Vítimas provocadoras representam um grupo ainda menor que o das vítimas passivas. Elas podem ser agressivas, especialmente com aqueles que parecem ser mais fracos que elas. Por terem poucos ou ineficientes mecanismos para lidar com a raiva, seus pares podem não gostar delas. Essas vítimas sempre reagem de maneira negativa ao conflito ou à perda.

Como meninos e meninas são diferentes em seus comportamentos de bullying?

Tanto uns quanto outros se envolvem em bullying físico, verbal e social. Como o comportamento dos meninos é mais observável, pensamos que eles intimidam mais do que as meninas, mas hoje em dia muitos especialistas não apostam mais nisso. Sempre subestimamos o bullying entre as meninas porque elas são capazes de sutileza e suas agressões são mais frequentemente sociais e relacionais.

Previsivelmente, os meninos usam mais agressão física do que as meninas. Porém, parece que as agressões femininas estão se tornando mais físicas. Talvez estejam assistindo mais a programas de televisão que divulgam a ideia de que elas podem ser violentas e atacar os homens. Seguem algumas características típicas de bullies meninas e meninos.

As meninas bullies:

- Geralmente intimidam outras meninas — mas podem intimidar alguns meninos.
- Envolvem-se mais do que os meninos em grupos de intimidação.
- Procuram causar sofrimento psicológico em suas vítimas.
- Podem parecer anjos entre adultos e serem cruéis entre seus iguais.
- Costumam fazem comentários relativos ao comportamento sexual de meninas de quem não gostam.
- Atacam dentro de uma rede muito próxima e firme de amizades.

Os meninos bullies:

- São mais físicos (passam o pé, cospem, golpeiam, empurram e assim por diante).
- Usam ataques verbais relativos a orientação sexual e membros da família.
- Tendem a atacar fisicamente indivíduos menores e mais fracos.
- Praticam assédio sexual.
- Praticam extorsão.

Com que frequência o bullying ocorre?

Por ocorrer mais comumente em segredo, longe dos olhos dos adultos, os pais e funcionários da escola subestimam o bullying. Portanto, às vezes eles não entendem a intensidade do problema ou a necessidade de implementar um programa antibullying.

Os índices mundiais de ocorrência de agressão entre alunos variam entre 10 por cento, em estudantes do primeiro ciclo do ensino fundamental, a 27 por cento, entre os do segundo ciclo. De acordo com a Organização Mundial de Saúde, a ocorrência de bullying é bastante preponderante entre os países.[7] A agressão é tão dominante que é um murmúrio constante em nossas escolas e em algumas vizinhanças. Estima-se que 30 por cento dos adolescentes nos Estados Unidos (mais de 5,7 milhões) estejam envolvidos em bullying como agressor, alvo ou ambos.[8] Um estudo envolvendo 15 mil estudantes americanos do sexto ao décimo ano descobriu que 17 por cento dos alunos relataram ter sido vítimas de intimidação "às vezes ou frequentemente" durante o ano letivo. Aproximadamente 19 por cento disseram que foram eles os perpetradores "às vezes ou frequentemente", e 6 por cento disseram ter praticado bullying e terem sido vítimas dele. Alguns pesquisadores afirmam que entre 20 e 25 por cento das crianças em idade escolar são vítimas de agressão. Seis de cada dez estudantes americanos testemunham bullying pelo menos uma vez por dia.[9]

Agora que você compreende que o bullying é uma ocorrência frequente, é importante saber quando e onde é mais provável que ele aconteça com seu filho. Embora a maioria de seus casos ocorra em segredo, existem alguns momentos e áreas de alto risco.

Quando e onde o bullying acontece?

Infelizmente, o bullying acontece em quase todos os lugares. Ocorre nos lares, nos bairros e comunidades, e nos locais de trabalho. Sabemos que a agressão muitas vezes começa no período pré-escolar (por volta dos 3 anos), aumenta em frequência e se torna mais física por volta do final do primeiro ciclo do ensino fundamental. O bullying atinge o auge durante os anos do segundo ciclo do ensino fundamental, e geralmente é mais cruel nesse período.[10] Ele decresce no ensino médio, mas ainda pode ser muito doloroso. A severidade física da intimidação pode diminuir conforme aumenta a idade do agressor.[11]

No início de cada ano escolar, os intimidadores vão "à caça" de alvos fáceis, vítimas que podem atingir e sobre as quais têm poder físico ou psicológico. Por isso é importante que seu filho conte imediatamente a um adulto de confiança se estiver sofrendo algum tipo de intimidação. Ensine-o também a parecer confiante e não demonstrar que a atitude do agressor pode magoá-lo. Há várias dicas neste livro para ajudá-lo a comunicar que não é um alvo fácil.

O bullying ocorre durante o trânsito das crianças de casa para a escola e vice-versa, porém é mais comum dentro dos limites da escola. A agressão parece ocorrer em todos os lugares, porém as áreas de alto risco são locais em que não há supervisão de adultos, onde tal supervisão é inadequada, ou onde haja falta de estrutura — áreas nas quais as crianças não têm nada para fazer ou são livres para fazer o que quiserem. Alguns locais relacionados à escola e considerados de alto risco são ônibus, paradas de ônibus, banheiros, corredores, cantinas, playgrounds, vestiários, quadras, estacionamentos, escadas, entre edifícios e até salas de aula. Portanto, você deve incentivar a escola de seu filho a melhorar a supervisão que oferece, não só em termos de número de adultos, mas também na qualidade. Cada um deve ser treinado para supervisionar sua área e a escola, estimulada a fornecer mais condições adequadas em situações não estruturadas.

Quando trabalho com escolas, sugiro estratégias como:

- Aumentar a supervisão adulta utilizando voluntários treinados.

- Requerer e treinar pessoal para supervisionar áreas de alto risco.

- Designar assentos na cantina e fazer um revezamento desses lugares, de forma que as crianças se sentem sempre com outras de sua idade.

A *natureza do bullying* **29**

- Solicitar que os estudantes participem de atividades que incluam todos antes do intervalo.

- Solicitar assentos designados no ônibus (isto é, alunos do ensino médio no fundo; do primeiro ciclo do fundamental no meio e alunos do segundo ciclo do ensino fundamental à frente).

- Requerer que os alunos permaneçam em áreas demarcadas por ciclos e séries enquanto esperam pelo início das aulas.

- Deixar claro qual é o comportamento esperado e estabelecer regras para todas as áreas de alto risco.

Por que o bullying deve ser prevenido e interrompido?

Sua resposta a essa pergunta é, certamente: "Porque faz mal ao meu filho." Essa é uma razão mais do que suficiente, sem dúvida, mas existem outras. Crianças vítimas do bullying são maltratadas com tanta frequência que não têm tempo para se recuperar de experiências anteriores. A intimidação pode, portanto, ter consequências que vão além dos incidentes individuais. Não é incomum ver crianças buscando algum alívio dos maus-tratos, o que pode levá-las a fazer escolhas autodestrutivas e às vezes criar mais problemas. O bullying está relacionado a muitos outros problemas que podem atingir a vida de seu filho ou de outras crianças.

Quando uma criança é vítima de agressão, pode ficar com medo de ir para a escola. Pode adoecer no domingo à noite, ou sentir náuseas na segunda-feira de manhã só por pensar que vai ter de encarar os agressores. Cada dia é um campo minado social com vários eventos desconhecidos e potencialmente perigosos em seu caminho. O medo, a ansiedade e o estresse podem levar seu filho a fingir que está doente, a matar aulas ou a fugir da escola. De acordo com a American Medical Association, todos os dias, cerca de 160 mil estudantes ficam em casa por causa do bullying.[12] Além de fazer esses alunos se atrasarem em seu desenvolvimento escolar, as emoções debilitantes podem despertar um sentimento de impotência e levar à depressão — até mesmo ao estresse pós-traumático. Para algumas crianças, o bullying é muito traumático; pode ser traumático para seu filho.

Medo, ansiedade e estresse são acompanhados por raiva e impotência — talvez até por desespero. Essa é uma mistura tóxica de emoções que pode criar a vergonha tóxica. É uma vergonha venenosa que pode levar seu filho a questionar a própria capacidade de lidar com a intimidação. Ele também pode questionar se deve ou não confiar nos adultos que o cercam para ajudá-lo. Seu filho pode passar a sentir que merece ser maltratado porque é deficiente em algum sentido. Pode sentir ainda mais vergonha por não conseguir "se defender", como você o ensinou a fazer. Se esse sentimento e as concepções erradas que o acompanham não forem devidamente tratados, seu filho pode sentir que não deve mais acreditar que a vida (especialmente a escolar) voltará a ser boa para ele. Mas as coisas não precisam tomar esse rumo. Você pode ajudar seu filho, e terapia também pode ser útil.

VERGONHA TÓXICA

A vergonha tóxica pode levar seu filho a se ferir (automutilação) e/ou até cometer suicídio. Conheci vários estudantes que se cortaram. Eles me disseram que se cortaram para aliviar a dor causada pelo bullying ou para provocar uma dor física que pudesse minimizar a dor em seu coração. Se sua criança vem sendo vitimizada, sugiro que você examine seu corpo todas as noites quando ela sair do banho. Às vezes, as crianças se cortam em lugares que ficam escondidos pelas roupas, mas de vez em quando é possível ver as cicatrizes entre seus dedos ou nos pulsos. Se encontrar algum sinal de automutilação, providencie ajuda profissional para a criança.

Crianças que são continuamente maltratadas e sentem depressão por muito tempo podem ter pensamentos suicidas. Qualquer conversa sobre suicídio é séria e exige atenção imediata. Fique atento aos sinais de que seu filho corre risco de cometer suicídio. (Se você observou algum sinal indicativo de risco de suicídio, por favor, procure no Capítulo 6 a lista de sinais e perguntas para fazer a seu filho.) Se ele fala sobre cometer suicídio, não deduza que ele não está falando sério. Se desconfia de que seu filho é um suicida, procure ajuda profissional e não o deixe sozinho.

O bullying também pode levar uma criança a se juntar a uma gangue, a um culto, a um grupo de ódio ou a usuários de droga. Toda criança sente uma intensa necessidade de ser aceita e pertencer a algum grupo. Quando essa necessidade não pode ser satisfeita por meio dos típicos relacionamentos entre iguais, seu filho pode procurar ingressar em um grupo destrutivo e possivelmente perigoso.

A intimidação também é um tema comum na maioria dos casos de ataque a escolas com armas de fogo. Após anos de maus-tratos, algumas vítimas trilham um triste e perigoso caminho do sofrimento à vingança. (Veja o Capítulo 12, para mais informações sobre por que as vítimas retaliam.)

MENSAGENS-CHAVE

- Comportamento com a intenção de ferir e prejudicar seu filho não deve ser considerado conflito normal.
- O termo *bullying* descreve uma gama de comportamentos que podem impactar a propriedade, o corpo, os sentimentos, os relacionamentos, a reputação e o status social de uma pessoa.
- Todas as formas de bullying podem ser destrutivas para o bem-estar da criança e criar lares, vizinhanças e escolas que não têm segurança.
- Tanto meninos quanto meninas podem intimidar física, verbal ou socialmente. Meninas tendem a ser mais sociais e relacionais.
- O bullying ocorre em todas as escolas, em algum grau.
- Os adultos normalmente subestimam o problema.
- O bullying acontece em todos os lugares, especialmente onde há falta de supervisão ou falta de estrutura. Algumas áreas de alto risco são banheiros, corredores, escadas, cantinas, vestiários, estacionamentos, ônibus, áreas comuns, paradas de ônibus e salas de aula.
- O bullying pode criar vergonha tóxica e levar a criança a adoecer, se ferir e até cometer suicídio.
- O bullying pode levar os estudantes a formarem ou se unirem a gangues, grupos de ódio e cultos.
- O bullying é um tema comum em muitos ataques com armas de fogo a escolas.

2
Sinais indicativos

Caro Dr. Beane:

Enquanto o ouvia na conferência, pude sentir minha pressão subindo. Quando você discutiu as características de uma vítima, meu coração ficou apertado. Eu não conseguia acreditar no número de sinais indicativos que descreviam meu filho. Quanto mais você falava, mais eu me convencia de que ele é vítima de bullying. Talvez você não lembre, mas deixei o salão antes de você concluir sua palestra. Eu precisava telefonar para minha esposa e dizer a ela que tínhamos de conversar com nosso filho. Muito obrigado por abrir meus olhos e possibilitar que ajudemos nosso filho.

A intimidação leva a criança a lugares psicológicos e físicos aos quais ela jamais deveria ir, e como discuti no Capítulo 1, está conectada a muitos outros problemas (depressão, drogas, álcool, gangues, cultos e assim por diante). Infelizmente, as crianças raramente contam aos adultos, nem mesmo aos pais, que estão sofrendo com o bullying ou que conhecem alguém que seja vítima dele. Este capítulo discute por que as crianças não contam aos adultos sobre a agressão e relaciona sinais que podem indicar que seu filho tem sido persistentemente maltratado.

Por que as crianças não contam aos pais ou a outros adultos?

Há várias razões pelas quais seu filho talvez não conte que está sendo maltratado. Para começar, desde cedo a criança é ensinada a

34 PROTEJA SEU FILHO DO BULLYING

não ser "dedo-duro", a não "entregar" os companheiros. Elas acham que é errado dizer a alguém que estão sofrendo maus-tratos, ou que outra pessoa tem sido maltratada. Quando seu filho manifestar essa preocupação, explique que ser "dedo-duro" implica querer prejudicar pessoas. Por outro lado, quando reporta maus-tratos, ele está tentando ajudar alguém, não causar problemas. Está fazendo o que um bom ser humano deve fazer. Então, diga a ele que espera ser informado, caso seja maltratado ou quando outras crianças passarem por isso.

Outra razão para as crianças não contarem aos adultos sobre os maus-tratos é que já viram adultos responsáveis ignorarem outros relatos. Algumas crianças me disseram que observaram adultos ignorando maus-tratos óbvios, e relatam que seus professores chegaram a dizer "Não me aborreça", gesticulando para indicar que queriam ficar em paz. Infelizmente, há alguns professores que preferem não se envolver, porque temem que esse envolvimento possa acarretar muito trabalho extra para eles, além de reuniões com os pais. Alguns professores e administradores também pensam que devem concentrar-se no aspecto acadêmico e deixar as questões sociais para outros profissionais. O que esses professores não entendem é que o bullying tem impacto negativo sobre o aprendizado e o desempenho escolar.

Algumas crianças não contam aos adultos porque temem que o envolvimento desses adultos possa tornar a situação ainda pior. Esse medo às vezes é justificado. Por exemplo, às vezes, quando o pai de uma vítima procura os pais do agressor, ele provoca a vítima: "Sua mãe ligou para a minha ontem à noite, bebezão." Outro exemplo é quando a criança conta a um professor na escola, e o professor adverte o intimidador sem muita convicção — quase em tom de brincadeira —, porque acredita que a vítima é fraca. Ao sentir o apoio indireto de um adulto, o agressor intensifica seus ataques. Por isso, os funcionários da escola precisam ser treinados para investigar rumores e relatos não verificados de bullying e responder de maneira apropriada quando o comportamento agressivo é observado.

Alguns estudantes ficam embaraçados ou envergonhados de contar aos adultos porque se convenceram de que são culpados pelas intimidações — de que há algo de errado com eles ou que são incapazes de deter o processo sozinhos. Outras crianças não contam aos pais porque não querem preocupá-los. Quando falo com estudantes, pais e professores, conto a história de meu filho. Ele nos contou sobre os maus-tratos logo no início, mas não nos informou sobre a persistência do problema. Sinto que ele não contou porque nos amava muito — não queria que nos preocupássemos com ele. Digo às crianças para não amarem demais seus pais. É função dos pais preocupar-se com elas. E é direito dos pais saber o que elas estão pensando, sentindo e experimentando.

Quais são os sinais indicativos de que seu filho é vítima de bullying?

Veja os sinais de aviso na lista a seguir. Quando vir seu filho exibindo qualquer um desses sinais, você deve prestar atenção ao que está acontecendo na vida dele, aproximar-se e se preparar para intensificar seu envolvimento. Tenha em mente que alguns desses sinais podem ser evidentes mesmo que seu filho não esteja enfrentando bullying. Se presenciar um número desses sinais por algum tempo, você deve suspeitar de que seu filho é vítima de intimidação e tomar as providências necessárias para protegê-lo imediatamente.

Sinais indicativos de bullying

- Tem dificuldade de concentração na aula e se distrai com facilidade.

- Quer fazer um caminho diferente para ir à escola ou usar um meio de transporte diferente.

- Demonstra súbita falta de interesse em atividades e eventos promovidos pela escola.

- Tem queda repentina nas notas.

- Parece feliz nos finais de semana, mas infeliz, preocupado e tenso na segunda-feira.

36 PROTEJA SEU FILHO DO BULLYING

- Exibe linguagem corporal de "vítima" — ombros encurvados, cabeça baixa, não olha as pessoas nos olhos e se afasta dos outros.

- De repente prefere a companhia de adultos.

- Tem doenças frequentes (dor de cabeça, dor de estômago, dores generalizadas) ou finge enfermidades.

- Sofre de fadiga.

- Tem pesadelos e insônia.

- Volta para casa com ferimentos e hematomas inexplicáveis.

- De repente desenvolve gagueira ou dificuldade para falar.

- Exibe alteração nos padrões de alimentação.

- Parece excessivamente preocupado com a segurança pessoal; investe muito tempo e esforço pensando e se preocupando em chegar e andar na escola com segurança (almoçar, ir e voltar do recreio, ir ao banheiro, levar o material ao armário e assim por diante).

- Fala sobre evitar certas áreas da escola.

- Carrega equipamentos de proteção, como uma faca, abridor de latas, garfo ou arma (veja no Capítulo 4 uma discussão sobre armas).

- Pede dinheiro extra com frequência (supostamente para o lanche, material escolar e coisas afins).

- Seus bens são constantemente "perdidos", danificados ou destruídos sem explicação.

- Tem uma súbita mudança no comportamento (molha a cama, rói unhas, apresenta tiques e assim por diante).

- Chora com facilidade ou de forma assídua, fica emocionalmente perturbado e tem alterações extremas de humor.

- Chora até dormir.

- Culpa-se por problemas e dificuldades.

Sinais indicativos   **37**

- Diz sempre ser alvo de deboche, provocação, humilhação, riso ou vítima de empurrões.

- Queixa-se de ameaças, chutes, agressões ou outras formas de ataques físicos (o que merece sua atenção imediata).

- Fala sobre alunos que mentem a respeito dele, fofocam e o excluem do grupo.

- Reclama que não é capaz de se defender sozinho.

- Pensa em abandonar a escola.

- De repente, começa a intimidar outros estudantes ou irmãos.

- Torna-se abertamente agressivo, rebelde e irascível.

- Apresenta repentina perda de respeito por figuras de autoridade.

- Procura amigos errados nos lugares errados.

- Forma ou ingressa em um culto ou outro grupo suspeito.

- Tem um súbito interesse por filmes, videogames e livros violentos.

- Pensa em fugir.

- Sente-se deprimido.

- Fala sobre ou tenta suicídio.

Talvez, ao ler esta lista, seu coração seja tomado pelo medo. Essa é a resposta normal de um bom pai. A boa notícia é que há muito que você pode fazer. No próximo capítulo, discuto como agir antes e depois que qualquer um desses sinais indicativos aparecer.

MENSAGENS-CHAVE

- As crianças normalmente deixam de dizer aos adultos que elas ou outras pessoas são vítimas de bullying. Há várias razões para isso: elas temem que nenhuma atitude será tomada ou que a situação fique ainda pior; não querem ser "dedo-duro" ou "entregar" alguém; estão constrangidas ou sentem vergonha; não querem que os pais se preocupem com elas.
- Alguns sinais indicativos de que seu filho possa ser vítima de bullying são: súbita perda de interesse por atividades promovidas pela escola, queda nas notas, preferência pela companhia de adultos, pesadelos e dificuldades para dormir, raiva e irritabilidade, ferimentos físicos inexplicáveis, rejeição à escola, depressão e ansiedade.
- O aparecimento de qualquer um desses sinais não significa necessariamente que seu filho é vítima de bullying, mas que você deve prestar muita atenção ao comportamento dele, especialmente se mais de um desses indicativos estiverem presentes.

3

Possíveis causas de bullying

Caro Dr. Beane:

Meu filho está no terceiro ano e tem chorado todas as manhãs porque não quer ir para a escola. Tentamos de tudo para fazê-lo comparecer às aulas. Já imploramos para ele nos dizer por que não quer ir. Após várias semanas, ele finalmente contou que um menino o atormenta na escola. Ele o empurra, joga coisas nele e ontem meu filho chegou em casa com um grande hematoma no braço. Perguntou: "Por que eles são maus comigo, mãe?" Não soubemos o que dizer. Por que algumas crianças são cruéis com outras?

Entender por que algumas crianças são cruéis com outras e por que algumas são escolhidas para vítimas pode nos ajudar a desenvolver uma variedade de soluções e estratégias para abordar todas as possíveis causas do problema. Isso também aprimora nossa habilidade de discutir o bullying com as crianças. Podemos ajudá-las a compreender como seu comportamento tem sido moldado por suas famílias, pelo ambiente e até pela conduta em seus momentos de lazer. Agressores e vítimas são produtos de nossa sociedade e reflexos da qualidade de nossas famílias, escolas e comunidades. Ambos são vítimas e precisam de ajuda. Alguns dos numerosos fatores que *podem* contribuir para o bullying serão discutidos neste capítulo.

Influências físicas

Preferências inatas

Pesquisas indicam que humanos podem nascer com uma preferência por certas características físicas nos indivíduos.[1] Tom Cash, psicólogo na Old Dominion University, estudou por mais de vinte anos o efeito da aparência em observadores, e diz que, quando se mostram a bebês fotos de dois rostos, um deles considerado mais atraente que o outro pela maioria dos adultos, eles olham para o rosto mais atraente por mais tempo. Crianças de 3 meses também respondem aos rostos mais "bonitos". Crianças aos 12 meses exibem reações adversas e de retraimento a rostos mais "feios". Se os humanos têm preferência inata por pessoas mais "atraentes", é mais provável, então, que tratem os "menos atraentes" de maneira menos favorável. Isso é chamado de *lookism* (discriminação com base na aparência física do indivíduo).

Adultos também têm as mesmas preferências. De fato, são surpreendentemente coerentes em suas descrições de traços de indivíduos atraentes: olhos grandes, faces altas e mandíbula estreita. Suas descrições são coerentes, independentemente da raça ou formação cultural dos adultos.

Estudos mostram que nossa percepção de beleza pode estar atrelada a nosso cérebro. Em estudos conduzidos no Massachussetts General Hospital, Harvard Medical School e Massachusetts Institute of Technology, os pesquisadores Itzhak Aharon, Nancy Etcoff, Dan Ariely, Christopher F. Chabris, Ethan O'Connor e Hans C. Breiter usaram tecnologia de imagens de ressonância magnética (IRM) para observar a atividade no cérebro masculino diante de fotos de belos rostos femininos. Breiter e seus colegas descobriram que a mesma parte do cérebro se ilumina quando uma pessoa com fome vê o alimento, quando um jogador vê dinheiro ou quando um viciado se vê diante da possibilidade de uma dose de droga. Essencialmente, beleza e vício ativam as mesmas áreas no cérebro.[2] Mas o fato de nossa percepção da beleza ser inerente não significa que não possamos controlar as interações com os outros.

Fatores biológicos

Alguns especialistas acreditam que agressão é uma característica básica, inerente ao ser humano, mas certos fatores biológicos podem elevar o nível dessa agressão além das normas aceitáveis. Por exemplos, altos índices de testosterona endógena parecem estimular o comportamento agressivo em homens cuja intenção é causar mal a outra pessoa, mas também pode manifestar-se como comportamento antissocial.[3] Por exemplo, níveis elevados de testosterona foram encontrados até mesmos em alguns intimidadores em idade pré-escolar.

Um estudo da University of Michigan conduzido por Michelle Wirth e Oliver Schultheiss[4] identificou outra possível causa de bullying. Parece que o cérebro humano pode ter um mecanismo interno que detecta e responde a emoções percebidas no rosto de outras pessoas. As respostas das pessoas a essas emoções percebidas variam. Por exemplo, os participantes do estudo que apresentavam altos índices de testosterona pareciam apreciar ou se sentir recompensados por expressões aborrecidas ou furiosas causadas por maus-tratos. Aparentemente, isso ocorre em um nível inconsciente. Portanto, os bullies se sentem recompensados quando atormentam outras pessoas.

Temperamento

É bem documentado que o temperamento de uma criança é fator relevante para o bullying.[5] Temperamento pode ser definido como a mistura de elementos ou qualidades que compõem a personalidade de um indivíduo. Isso afeta permanentemente a maneira como uma pessoa age, sente e pensa. Por exemplo, uma criança com um temperamento do tipo "cabeça quente", ativa e impulsiva, tem mais inclinação para ser agressiva com outras crianças do que uma criança calma.

Influências sociais

Por serem criaturas sociais e relacionais, os humanos influenciam uns aos outros. Os pais podem ser professores de grande poder e exercer impacto negativo ou positivo sobre seus filhos. A mídia e os colegas também são educadores poderosos. Portanto, bons pais estão em constante batalha contra as influências negativas do mundo. Infelizmente, alguns pais não são boas influências e ensinam preferências, preconceitos e valores que promovem conflito e outros problemas relacionais.

Preferências aprendidas

Além das preferências inatas, as crianças também aprendem preferências com suas famílias e com a sociedade. Elas aprendem desde muito cedo a valorizar aparência, inteligência, força, poder, influência, persistência e produtividade. Aprendem o que está dentro dos parâmetros de "normal" ainda muito pequenas e formam e redefinem constantemente seus *limites de aceitação*.

Confiança na própria superioridade

As crianças às vezes aprendem que são melhores do que outras e que não devem associar-se àquelas percebidas como "perdedoras" ou se preocupar demais com os esforços e dificuldades das outras. A atitude prevalecente em nossa cultura é a de ser especial, parecer e ser melhor, conquistar mais, estar por cima e ser o número um, custe o que custar. Esse pensamento leva algumas pessoas a procurar razões que as tornem melhores que as outras. Isso inclui comparar-se com aqueles que são considerados inferiores. A mídia apoia esse tipo de pensamento, promovendo o estereótipo dos vencedores, que têm tudo, *versus* os perdedores, que só merecem desprezo. Se alguém não está de acordo com esse padrão, a tendência é que seja posto de lado.

Violência, agressão e conflito na mídia

A mídia tem um tremendo impacto sobre as crianças hoje em dia. Algumas pesquisas indicam que crianças que assistem a muita violência na televisão, em videogames e no cinema frequentemente se tornam mais agressivas e menos solidárias com outras pessoas. De fato, o consenso entre os pesquisadores sobre a violência na televisão é que existe um aumento mensurável de 3 a 15 por cento no comportamento agressivo do indivíduo depois de assistir a programas violentos.[6] As crianças tendem a imitar aquilo a que são expostas. Alguns dos populares reality shows da tevê e mesmo jornais e talk shows promovem e até dão certo glamour ao conflito. Muitos desses programas oferecem um fluxo contínuo de humilhações, comentários cruéis e rejeição.

A violência na televisão e no cinema pode ser danosa para crianças pequenas. Embora haja controvérsia com relação a seu efeito sobre as crianças, há pesquisas suficientes para sustentar a crença de que essa violência pode tornar a criança amedrontada, preocupada, desconfiada e agressiva. Em um estudo conduzido pela Kaiser Family Foundation, em 2003, quase metade (47 por cento) dos pais com crianças entre 4 e 6 anos relataram que os filhos imitavam comportamentos agressivos que haviam visto na tevê.[7] Isso não foi completamente explicado, mas deve incentivar os pais a exercerem maior controle sobre os programas a que seus filhos assistem e quanto tempo passam diante da tevê. Infelizmente, a quantidade de violência na televisão está aumentando. Até os desenhos animados se tornaram cada vez mais violentos. E, como a televisão é muitas vezes usada como babá, as crianças pequenas veem agressão como um comportamento aceitável. Uma pesquisa conduzida pela University of Washington, em Seattle, descobriu que, quanto mais as crianças de 4 anos assistiam à tevê, maior era a probabilidade de maltratarem e atormentarem as outras quando chegassem aos 11 anos.[8] É claro, assistir à televisão com supervisão pode ter impacto positivo sobre as crianças. A Kaiser Family Foundation também descobriu que 87 por cento das crianças imitam os comportamentos positivos observados na tevê.[9]

Muitos videogames encorajam ou requerem o envolvimento ativo da criança em ações agressivas. Houve um aumento constante no número de videogames com temas violentos. Quando revisei a história de vítimas de bullying que se haviam vingado, notei que muitas delas se envolviam com videogames agressivos. Esses jogos proporcionavam a elas alívio psicológico da raiva e do sofrimento que experimentavam por causa do bullying. Walt Mueller, presidente do Center for Parent/Youth Understanding, diz que parece que as crianças jogam videogames fantásticos como uma válvula de escape para a raiva e a intimidação da vida real.[10] Esses jogos permitem que a vítima revide de maneira mais aceitável. Quando uma vítima pensa em revidar, esses tipos de videogames podem dar a ela ideias a serem postas em prática em sua vingança. Eles também podem prover meios de prática de represália, algo como um simulador de assassinato. É importante lembrar que, independentemente do efeito dos videogames violentos, a raiz do problema é o bullying — como as crianças estão se tratando entre elas.

David Walsh, psicólogo infantil e coautor de um estudo relacionando videogames violentos a agressão física, identificou um possível elo entre controle de impulsos subdesenvolvido e esses jogos. Ele diz que a ligação pode ser explicada em parte pela pioneira pesquisa sobre cérebro, realizada recentemente no National Institutes of Health. O centro de controle de impulsos do cérebro — a parte que nos capacita a pensar com antecedência, considerar consequências e administrar impulsos — fica no lado direito, atrás da testa, e é chamada de córtex pré-frontal. Essa parte do cérebro está "em construção" durante a adolescência; sua fiação não se completa até que o indivíduo tenha 20 anos ou um pouco mais. Walsh diz que o desenvolvimento do controle de impulsos pode ser ainda mais frágil em uma pessoa com fatores adicionais de risco de comportamento criminoso.[11] Violência é algo complexo e há muitos fatores que contribuem para ela. Nem toda criança que brinca com videogames violentos vai agir da mesma forma, porque nem toda criança tem outros fatores de risco que às vezes interagem para promover a agressão.

Até as músicas estão se tornando mais violentas. Considere esta informação: 99,2 por cento dos adolescentes (definidos entre os 12 e os 17 anos) ouvem rádio todas as semanas — uma porcentagem mais alta do que em qualquer outro grupo — e 80,6 por cento ouvem rádio todos os dias.[12] Ao longo de uma semana, um adolescente vai ouvir em média 13,5 horas de rádio.[13] A música também é utilizada pelos grupos de incitação ao ódio para atingir os jovens. Suas mensagens podem ser repetidas muitas e muitas vezes ao dia em canções no rádio ou em CDs. Em 2003, os pesquisadores Craig Anderson, Brad Bushman e Janie Eubanks reportaram que letras de música violentas aumentavam os pensamentos e sentimentos hostis. Eles afirmam que há, agora, boas razões teóricas e empíricas para esperar que os efeitos das letras de música sobre o comportamento agressivo sejam semelhantes aos (já tão estudados) da exposição à violência em filmes e videogames, estes últimos comprovados em pesquisas mais recentes.[14]

Violência no esporte

A violência no esporte pode ser definida como um comportamento danoso, que ocorre sem regras e não tem relação com objetivos competitivos. A frequência e a seriedade das práticas de agressões aumentaram,[15] como por exemplo no hockey, no futebol americano e no rugby. Infelizmente, a mídia às vezes idolatra os jogadores mais violentos, controvertidos e rudes. As crianças sempre selecionam esses heróis esportivos como modelos e imitam seu comportamento.

A atmosfera em qualquer esporte de equipe é influenciada pelos adultos no comando. A maioria dos treinadores são excelentes mentores e modelos. Infelizmente, há alguns que criam um clima excessivamente agressivo e deslocam a ênfase da diversão, do desenvolvimento de habilidades, da formação de equipe e do desenvolvimento social. Alguns técnicos contribuem para o bullying por meio de desejos impetuosos e irreais de vencer a qualquer preço.[16] Em geral, criticam publicamente e humilham seus jogadores com linguagem imprópria e podem até puni-los, mantendo-os menos tempo em campo ou incentivando outros membros da equipe a debochar deles e atormentá-los. A maioria ataca não só seus jogadores, mas também outros treinadores e árbitros. Infelizmente, até os pais podem ser maus exemplos de espírito esportivo e respeito em eventos de prática de esporte de maneira geral.

Preconceito

Uma das causas mais óbvias de bullying é o preconceito. Preconceito é uma atitude que temos com relação a uma situação específica ou um grupo de pessoas, e que adotamos sem suficiente consideração aos fatos da situação ou do grupo.[17] Pessoas preconceituosas fazem julgamentos sobre outras, tomando por base medos e crenças infundadas. Qualquer diferença humana — na aparência, no comportamento ou na linguagem — pode desencadear medos infundados na mente preconceituosa. Esses medos impedem o preconceituoso de agir de maneira responsável quando interage com outros e pode levar ao bullying.

O preconceito começa cedo na vida, cresce na ignorância e vai persistir se não for tratado. As crianças são as mais vulneráveis ao mal gerado pelo preconceito. De acordo com Doris Sanford, por volta dos 5 anos, as crianças começam a ouvir opiniões negativas sobre sua herança racial ou religião.[18] Elas ouvem isso em suas comunidades e em alguns programas de televisão que os adultos permitem que assistam. Mesmo com a atual ênfase na diversidade cultural e no que é considerado politicamente correto, ainda há rejeição por causa de etnia, cultura e religião.

Crianças preconceituosas podem decidir que não gostam de estudantes negros, gordos, com incapacidades ou que são de outra nacionalidade e ainda não dominam a língua; por isso debocham, assediam e rejeitam essas pessoas — formaram uma atitude sem conhecer os fatos.

De acordo com Sanford, crianças negras têm maior probabilidade de ser acusadas por seus colegas e por adultos do que as crianças brancas na mesma sala de aula.[19] Esses comportamentos de preconceito e rejeição prejudicam a autoimagem da criança e minam seus esforços para ser aceita.

Infelizmente, muitos indivíduos e grupos culturalmente diferentes enfrentam alienação diariamente em suas escolas. Conheci vários estudantes que dizem ter sido vítimas de bullying porque eram religiosos e se empenhavam em seguir seus padrões. Eles eram isolados, debochados e sofriam abuso físico e verbal por se recusarem a participar de atividades que contrariavam suas crenças e os estilos de vida que desejavam criar e manter. Uma estudante da Flórida foi tão atormentada por se vestir de acordo com suas crenças religiosas que cometeu suicídio.

Crianças que vivem em situação de pobreza são agredidas em alguns ambientes escolares. A exclusão social, econômica e educacional associada à pobreza é agravada pelo bullying, pelo assédio e pela discriminação.

Inveja

Um poderoso motivador para o bullying, especialmente entre as meninas, é a inveja e/ou ciúme. Por exemplo, uma garota que é atraente e popular entre os garotos pode enfurecer outras meninas. Essas meninas podem sentir tanta inveja que tentam ferir de alguma forma a colega popular. As crianças sempre atacam aqueles que aparentam ser melhores que a média: muito atraentes, muito ricos, muito populares e assim por diante. Em resposta a esse bullying invejoso, as crianças desenvolvem um medo do sucesso, por terem consciência de que ele pode ameaçar sua aceitação e trazer consequências negativas (a animosidade dos colegas de classe, a pressão de expectativas alheias). Meninas em geral têm um medo significativamente maior do sucesso do que os garotos. Pais de crianças inteligentes e talentosas estão sempre preocupados com a aceitação de seus filhos. Na verdade, eles podem se preocupar tanto que chegam a rejeitar atenção especial e programas criados para aprimorar as habilidades de seus filhos.

Às vezes, inadvertidamente, os professores podem causar ciúmes destacando uma criança para ajudá-las com uma tarefa qualquer, ou elogiando mais uns do que os outros. Crianças são muito sensíveis a esse favoritismo. Algumas sentem ciúmes e começam a maltratar os "queridinhos do professor".

Proteger a própria imagem

Nossa autoestima costuma ser influenciada pelo grau de similaridade percebido entre nós e aqueles com quem interagimos. Portanto, algumas crianças tendem a proteger sua autoimagem evitando que pessoas diferentes (ou percebidas como tal) façam parte de sua gama de contatos. Ser amigo ou defender uma vítima de bullying pode parecer um risco para a reputação de alguém. De fato, algumas crianças relatam que sofrem deboche por serem amigas daqueles que são maltratados. Crianças sempre preferem a companhia dos colegas populares, não por gostarem deles, mas porque querem ser identificadas com a popularidade. Portanto, elas evitam indivíduos com atributos "negativos". Essa tendência se fortalece durante os anos do segundo ciclo do ensino fundamental.

Medo

Medo de ser motivo de piada. Todos os humanos temem que outros riam deles. Como defesa, podem debochar primeiro ou se unir à provocação e à rejeição iniciada por outros.

Medo de perder o que tem. Se as crianças já se consideram membros de um grupo popular, vão relutar em pôr em risco essa associação recusando-se a participar da rejeição a outras crianças.

Medo de rejeição. As crianças às vezes têm medo de ser rejeitadas e, portanto, rejeitam primeiro para evitar a dor. Esse medo também pode incentivar outras a apoiar e participar disso. Elas preferem rejeitar a serem rejeitadas.

Medo do desconhecido. Por temerem aquilo que não conhecem, as pessoas tendem a se associar a indivíduos semelhantes a elas em termos de nacionalidade, religião, classe econômica e assim por diante. Esse mecanismo costuma ser chamado de "síndrome de pássaros de mesma pena". Para evitar interagir com o desconhecido, algumas crianças rejeitam indivíduos considerados diferentes. Evitar ou humilhar os diferentes faz essas crianças se sentirem mais seguras.

Medo de exposição. Todos os humanos temem que suas fraquezas, ou o que é considerado fraqueza, sejam expostas a seus semelhantes. Para evitar revelar as próprias fraquezas, os agressores costumam iniciar ou incentivar esforços para expor as alheias. Algumas crianças, por exemplo, evitam expor os próprios defeitos adotando um comportamento impróprio, como desrespeitar o professor.

Egocentrismo, falta de sensibilidade e desejo de atenção

Crianças pequenas são naturalmente egocêntricas e só gradualmente aprendem a "des-centrar". Algumas não são ensinadas a ser tolerantes, sensíveis e a reconhecer as diferenças nos colegas. Outras são simplesmente mimadas; sempre conseguiram tudo que quiseram e gostam de experimentar os sentimentos de poder e prazer. Crianças autocentradas têm dificuldade para entender como suas ações afetam os outros. É difícil imaginar, mas os bullies às vezes nem têm consciência do sofrimento que causam. Estão focados inteiramente na própria necessidade de poder e entretenimento.

Ocasionalmente, as crianças atacam e provocam, por desejarem ser o centro das atenções. Esse desejo de atenção também as incentiva a maltratar outras crianças "só pela diversão". Quando esses estudantes são criticados em particular pelos comentários degradantes que fizeram, é comum que respondam algo como: "Estávamos só brincando. Não podíamos imaginar que ele ia ficar aborrecido."

Vingança

Pessoas que ferem outras quase sempre foram feridas em algum momento da vida. Podem ter sido maltratadas em casa pelos pais ou irmãos (ou por ambos), ou pelos colegas na vizinhança ou na escola. Alguns agressores com quem trabalhei tinham uma *mentalidade vítima*. São revoltados porque certas necessidades não foram supridas e acham que todos são incapazes de entendê-los e respeitá-los. Como resultado dessa revolta e do pensamento distorcido, eles atacam os outros. Sentem-se frequentemente inadequados e compelidos a controlar os outros, e não se dispõem a ouvir comentários sobre seu comportamento inadequado ou a examinar os próprios motivos. Podem procurar ferir outras pessoas como forma de vingança, por terem sido eles mesmos maltratados. Seu pensamento é similar ao das vítimas que esperam ser intimidadas, mas eles agem como bullies.

50 PROTEJA SEU FILHO DO BULLYING

Estudantes que não obtêm reconhecimento pelo exercício do poder podem procurar se vingar naqueles que os fazem sentir-se impotentes. Eles acreditam que ferir outras pessoas vai compensar a dor que sentiram, ou a rejeição e o desamor. É comum que essas crianças que buscam vingança não se importem em ser punidas. Pelo contrário, a punição pode dar a elas mais um motivo para agir, reforçando o sentimento de vitimização. Quanto mais problemas elas causam para si mesmas, mais se sentem justificadas em ferir os outros.

Mentalidade de grupo

Crianças podem ser rejeitadas, não por causa de seu comportamento ou características, mas porque grupos precisam de um alvo para a rejeição. Essa rejeição ajuda o grupo a definir as fronteiras de sua aceitação e conquistar unidade. Em outras palavras, os indivíduos escolhidos servem como bodes expiatórios para o benefício da coesão do grupo. Por isso os estudantes estão sempre tão ansiosos para se unir a uma facção, mesmo que não gostem das pessoas nela. A necessidade de se sentir unido aos semelhantes é um motivo poderoso.

Uma das regras para pertencer a uma facção ou gangue é fazer o que o grupo faz, o que pode incluir maltratar outras pessoas, mesmo que façam parte daquele grupo. A prática de trote, por exemplo, é um esforço do grupo para se sentir unido e poderoso, frequentemente por meio da humilhação e do sofrimento de novos membros. Gangues de rua costumam ter rituais de iniciação que requerem que os novos membros ataquem indivíduos de gangues rivais. Embora os membros como indivíduos possam não querer ferir outras pessoas, sentem que é necessário agir assim para permanecer no grupo. Sua recompensa é a segurança, o poder e o respeito por pertencer ao grupo.

Ambiente familiar ruim

As características de um ambiente familiar que costumam elevar a probabilidade de uma criança ser vítima de bullying também podem aumentar a possibilidade de ela se tornar um agressor. De acordo com Olweus, esses ambientes familiares têm as seguintes características:[20]

- Falta de afeto e envolvimento.
- Ausência de limites claros para o comportamento agressivo com semelhantes, irmãos e adultos.
- Pouco amor e cuidado; muita liberdade.
- Uso de métodos de afirmação de poder para a educação das crianças — punição física e violentas explosões emocionais.

Queiram ou não, os pais são os primeiros modelos para seus filhos. Pais que expressam raiva fisicamente aumentarão a chance de seus filhos desenvolverem a mesma forma de expressão. Violência gera violência. Felizmente, crianças que aprenderam a atormentar e maltratar podem desaprender o comportamento.

Nunca ter sido orientado a não maltratar

A verdade é que algumas crianças nunca foram orientadas a não maltratar outras. Os pais podem ser permissivos demais e não imporem consequências a esse tipo de atitude, ou talvez não tenham desenvolvido solidariedade, boas maneiras, bondade e outros importantes traços de caráter em seus filhos.

Baixa autoestima

Há um considerável debate entre pesquisadores com relação ao autoconceito e à autoestima dos bullies. Dan Olweus, pesquisador norueguês, provavelmente pesquisou o bullying mais do que qualquer outra pessoa e não acredita que haja qualquer justificativa para a opinião de que os intimidadores são ansiosos e inseguros. Ele acredita que eles têm uma "visão relativamente positiva de si mesmos".[21] Ken Rigby, outro respeitado pesquisador, concorda. Ele diz que os bullies têm autoestima mediana.[22] Alguns pesquisadores afirmam

52 PROTEJA SEU FILHO DO BULLYING

que os bullies podem ter sentimentos de inadequação e transferi-los para crianças mais vulneráveis. Pesquisas revelam que os agressores que não foram vítimas têm autoestima igual à dos estudantes que não são valentões nem vítimas; por outro lado, bullies que foram vítimas têm baixa autoestima.[23] Quando tentamos ajudar os bullies a mudar, devemos explorar todas as possibilidades. Devemos examinar com cuidado a autoestima do agressor individualmente.

Reação à tensão

Escolas e casas às vezes são tomadas pela tensão criada por expectativas acadêmicas elevadas. O nível de exigência é elevado constantemente e as escolas são responsabilizadas pelo desempenho de seus alunos. Na verdade, podem ser punidas se eles não atingirem as expectativas, o que causa uma atmosfera ainda mais tensa dentro dessas escolas. Além disso, o conteúdo ensinado é cada vez mais difícil para crianças cada vez menores. Expectativas elevadas podem melhorar o aprendizado. Porém, os estudantes deparam com cada vez mais exames de rendimento que determinam seu futuro, e esses exames podem causar estresse entre os alunos. O problema se torna ainda maior quando os pais não conseguem ajudar seus filhos com o dever de casa e a preparação para as provas. A tensão resultante dificulta a manutenção de uma vida doméstica normal. Então, passa a permear o ambiente escolar durante o dia, e o doméstico à noite, resultando em comportamentos inadequados, como, por exemplo, o bullying.

Agressão permitida e recompensada

Uma escola pode ser atenciosa e cuidadosa, demonstrando tolerância zero com relação ao bullying, ou pode apoiá-lo, ignorando o problema. Pesquisas indicam que, muitas vezes, pouco ou nada é feito para impedir o bullying nas escolas, mesmo quando as crianças informam os adultos sobre a situação. Na verdade, houve situações em que a reação dos adultos desencorajou as vítimas e incentivou os agressores. Crianças já me contaram sobre ocasiões em que uma professora disse: "Não me aborreça. Você precisa aprender a lidar com isso sozinho." Uma mãe me contou sobre um incidente no qual um aluno que cometeu suicídio deixou um bilhete, relacionando os nomes dos que o haviam maltratado, e a escola não fez nada para punir esse comportamento.

Crianças que destratam outras atraem muita atenção de seus pares: as outras percebem que elas têm poder e são respeitadas por esse poder. Os agressores se sentem recompensados. Eles também costumam ser vistos como populares porque outros temem não agir como se gostassem deles.

As crianças veem a agressão permitida e até recompensada na mídia e possivelmente em casa, também. Crianças que assistem a parentes ou personagens ricos na tevê maltratando outros menos afortunados aprendem que intimidadores ganham mais dinheiro. As que veem um pai se deixar maltratar estão aprendendo que não há problema em maltratar alguém de quem se gosta.

Desejo por controle e poder

Para alguns intimidadores, a motivação parece ser dominação e poder. Crianças são frequentemente intimidadas por indivíduos mais fortes e mais velhos. Os agressores costumam ser mais fortes que a média, e suas vítimas são normalmente mais fracas no aspecto físico que a média. Porém, eles podem ser menores e mais novos que suas vítimas. Às vezes eles têm poder psicológico sobre estudantes maiores, mais bondosos e mais sensíveis. Os pequenos agressores são capazes de se projetar como "gente grande". Eles projetam essa imagem mantendo a cabeça, os ombros e os punhos erguidos e com um tom de voz intimidador. Crianças que maltratam outras por poder parecem ter pouca empatia por suas vítimas.

Falta de valores da vizinhança e da comunidade

Crianças que vivem cercadas por pessoas de boa moral dificilmente serão agressores. Por exemplo, psicólogos e profissionais de

54 PROTEJA SEU FILHO DO BULLYING

saúde mental descobriram que a religião pode fazer uma grande diferença na vida das crianças, especialmente dos adolescentes. Andrew Eaver descobriu que adolescentes envolvidos com instituições religiosas (1) têm menor probabilidade de tentar suicídio e pensar nisso; (2) reportam menos depressão e têm menor possibilidade de experimentar a depressão clínica quando ficam tristes e desanimados; (3) são menos propensos a praticar sexo casual e tendem a esperar mais tempo antes de se tornarem sexualmente ativos; (4) têm maior facilidade de encontrar significado em eventos traumáticos, ficam menos perturbados com eles e se recuperam mais depressa que os outros adolescentes; e (5) são menos vulneráveis ao uso de drogas e álcool.[24] Essas descobertas indicam que, quando as crianças aprendem o que é certo e errado e esses valores são reforçados pela vizinhança e pela comunidade, têm mais chances de tomar as decisões acertadas. É impossível encontrar total concordância com relação ao que é certo e errado em todas as comunidades. Porém, o bullying não é aceitável e deve ser tratado como uma questão comunitária, assim como o aprendizado de bons costumes e normas de conduta se tornou um foco em muitas delas.

Ambiente escolar ruim

Stephenson e Smith, e Elliot descobriram uma variedade de fatores no ambiente escolar que podem contribuir para o bullying.[25] A seguir alguns desses fatores:

- Baixo moral do staff.

- Alta rotatividade de professores.

- Padrões de comportamento indefinidos.

- Métodos de disciplina incoerentes.

- Organização ruim (nas salas de aula, nos pátios e assim por diante).

- Supervisão inadequada (em pátios, corredores, banheiros, cantinas).

Possíveis causas de bullying   55

- Crianças não são tratadas como indivíduos de valor.
- Não há equipamento suficiente (quadras de educação física, pátios, salas de aula, laboratórios).
- Falta de apoio para novos alunos.
- Professores que se atrasam.
- Funcionários ausentes nas salas durante o horário de aula.
- Intolerância a diferenças.
- Professores apontando e gritando.
- Permissão da permanência de pichação ofensiva.
- Desestimular os alunos a delatar outros.
- Inexistência de política antibullying.
- Inexistência de procedimentos claros para reportar e lidar com incidentes relacionados a bullying.
- Agressões ignoradas por funcionários da escola.
- Corredores estreitos, escuros.
- Vestiários apertados.
- Falta de apoio para alunos com necessidades especiais.
- Funcionários que fazem uso de sarcasmo.
- Funcionários que humilham alunos diante dos colegas.
- Falta de espaço para atividades silenciosas.

O clima social da escola e a qualidade da supervisão oferecida no local são de grande importância. Um ambiente escolar em que faltam afeto e aceitação para todos os alunos é mais passível de abrigar problemas relacionados ao bullying e a questões de disciplina. Além do mais, a escola que não tem altas expectativas de comportamento dos alunos e uma política de repreensão eficiente está sujeita a criar um ambiente no qual os bullies prosperam.

A agressão frequentemente ocorre nas áreas em que não há supervisão de adultos ou essa supervisão é insuficiente ou de baixa qualidade. A qualidade da supervisão nos colégios é fundamental. Os que têm baixos níveis de supervisão experimentam mais bullying. A falta de estrutura também é característica comum em locais em que as agressões ocorrem. Por exemplo, o tempo que os alunos passam nos pátios, nos corredores, nas paradas de ônibus, nas cantinas e nos banheiros é sempre desestruturado. Os alunos são relativamente livres para se comportar como quiserem, dentro de certos parâmetros.

MENSAGENS-CHAVE

- Compreender o que causa o bullying pode nos ajudar a melhor tratar o problema.
- Bullies e vítimas são produtos de nossa sociedade e reflexos da qualidade de nossas famílias, escolas e comunidades.
- Existem muitas causas possíveis para o bullying, variando de preferências inatas a ambiente doméstico ruim e preconceito, bem como desejo de vingança.
- A atmosfera social da escola e a qualidade da supervisão e da estrutura nela oferecida são de grande importância.

4

Dar a seu filho um bom começo

Caro Dr. Beane:

Nunca imaginei que criar filhos fosse tão difícil. Ouvimos outros pais falando sobre a crueldade das crianças na escola. Quando os ouço descrever como seus filhos são maltratados e como professores e diretores nem sempre os apoiam, tentando inclusive culpá-los, penso em educar meus filhos em casa ou enviá-los para escolas cristãs. Se decidirmos mandar nossos filhos para as escolas públicas, o que podemos fazer para ajudá-los a começar bem? Ouço pais dizendo que, quando uma criança é escolhida para ser maltratada, é difícil deter as intimidações. Também quero que meus filhos tratem bem as outras crianças. O que posso fazer para promover esse tratamento adequado?

Como bom pai ou mãe, você quer que seu filho tenha um bom começo na vida. Por ser o primeiro professor de seu filho, você desempenha papel importante em sua felicidade, saúde física, saúde mental e em seu sucesso na vida como um todo. Uma vida doméstica de qualidade pode influenciar poderosamente a habilidade de seu filho se relacionar com pessoas e lidar com os problemas da vida. Por exemplo, proporcionar instruções e experiências para ajudá-lo a desenvolver autoconfiança e que promovem uma saudável autoestima será de grande valia quando ele tiver de lidar com agressores.

Faça para os outros

Para começar, você deve se esforçar ao máximo para criar filhos que valorizem a Regra de Ouro: trate o outro como quer ser tratado. A importância dessa regra não deve ser subestimada. Ela é o fundamento de todos os esforços para prevenir e deter o bullying. Você deve ensinar seu filho a ser bom, não invejoso ou autocentrado. Ensine seu filho a se alegrar com o sucesso dos outros e a incentivá-los. Uma coisa que você pode fazer para ajudá-lo a desenvolver essas características é envolvê-lo em atividades religiosas. Crianças que praticam essas atividades são menos propensas a desenvolver comportamentos impróprios.

Comunique sua tolerância zero em relação a maus-tratos. Faça seu filho saber que você valoriza a bondade. Fale com ele sempre que você observar comportamentos positivos e negativos em outras pessoas. Peça a seu filho para lhe informar sempre que ele ou outra criança for maltratada na escola ou na vizinhança.

Dê amor incondicional

Dê a seu filho muita atenção e amor incondicional. O amor incondicional diz a seu filho que você o ama por quem ele é, não pelo que faz. Diga a ele que seu amor jamais terá fim. Abrace-o, sorria, afague seus cabelos, suas costas, segure sua mão e diga-lhe coisas agradáveis. Indique que o tempo que passam juntos é precioso e valioso. Seu amor o ajudará a se amar e aceitar. A autoaceitação é a base para o autoaperfeiçoamento e o amor-próprio é a base para a compaixão pelos outros. Quando disciplinar seu filho, foque o comportamento impróprio, em vez de criticá-lo. Explique que o ama, mas que não gosta daquele comportamento.

Se seu filho sentir que você não o ama, pode pensar que não merece seu amor. E, quando ele pensa dessa maneira, pode achar que não merece o amor de ninguém. Pode até pensar que não deve amar a si mesmo. Em pouco tempo, vai se convencer de que é insignificante e que não tem valor algum. Isso é devastador e pode ter terríveis consequências.

Seja um bom modelo

Seja um bom modelo de conduta exibindo autocontrole, bondade, empatia e sensibilidade. Viva pela Regra de Ouro, tratando os outros como quer ser tratado. É claro, haverá momentos em que você não será um bom modelo. Todos nós temos esses dias. Quando se descobrir exibindo um comportamento inadequado, peça desculpas a seu filho imediatamente. Ensine a ele o poder do perdão. Você deve ensinar seu filho a pedir desculpas pelo mau comportamento, independentemente da idade dele, mesmo que os especialistas em desenvolvimento infantil afirmem que seu filho é pequeno demais para saber o que está fazendo. Quando ele pedir desculpas, você deve abraçá-lo e dizer que o perdoa e ama.

Ensine-o a ser pacificador. Diga a ele para não ser alguém que fomenta a discórdia. Peça que ele não espalhe mentiras e rumores, ou mesmo histórias verdadeiras que podem magoar alguém ou causar conflito. Empenhar-se em ser pacificador fará de seu filho alguém mais feliz e em paz consigo.

Respeite os sentimentos dele. Por exemplo, não zombe de seus medos, mesmo que pareçam tolos. Esses medos são reais para ele. Se você debocha de seus temores, ele pode deixar de demonstrar quando estiver com medo ou seriamente magoado ou ferido.

Ensine a seu filho a diferença entre certo e errado, bom e mau; cerque-o de pessoas que tenham boa moral. Hoje em dia há poderosas influências no mundo tentando arrancar seu filho de você. É necessário ser assertivo e combater as influências negativas de nossa sociedade. Ensine a ele que é errado odiar as pessoas, mas que é normal odiar o mal e os maus-tratos dispensados aos outros.

Assegure tempo para descansar

Certifique-se de que seu filho tenha uma boa noite de sono. A conexão entre comportamento, aprendizado e sono ainda não é clara, mas o senso comum nos diz que o sono adequado é uma necessidade básica para o aprendizado e o autocontrole das crianças. Tenho no-

60 PROTEJA SEU FILHO DO BULLYING

tado que crianças profundamente sonolentas têm controle de impulsos prejudicado, e algumas se tornam hiperativas.

Incentive a boa comunicação

Tenha conversas diretas e faça reuniões familiares para discutir assuntos como bondade, amor, paciência, tolerância, aceitação, noção de pertencimento, coragem, justiça, generosidade, honestidade, honra, respeito — respeitar e defender os direitos dos outros —, cidadania, empatia, sensibilidade, racismo, caridade e serviço. Esse também é um excelente momento para discutir regras e responsabilidades familiares.

As reuniões de família também são uma ótima maneira de promover a proximidade e a unidade, para ensinar habilidades de resolver problemas e tomar decisões. A escolha dos temas pode ser feita em conjunto, por todos os membros da família, mas o pai ou a mãe deve presidir as reuniões. Essa prática ajuda a criar linhas de comunicação e desenvolver a capacidade de trabalhar em conjunto, para aprender importantes conceitos e resolver questões. Reuniões dão às crianças um sentimento de segurança, de pertencimento e de valor pessoal; elas também podem ser usadas para aumentar a autoestima e a autoconfiança de uma criança. Auxiliam-nas a sentir a existência de parâmetros em sua vida e que podem controlar certos aspectos dela. Promovem na criança a noção de responsabilidade e consequência.

Tente manter essas reuniões de família com duração de 15 a 30 minutos e realize-as onde houver poucas ou nenhuma distração. Tente realizá-las uma vez por semana. Você pode marcar a reunião para depois de pôr o filho mais novo na cama, até ele estar pronto para participar dessas reuniões. Entre em acordo com sua família sobre o momento e a frequência desses encontros e trate-os como compromissos, evitando cancelar ou perdê-los. Você também deve estabelecer certas regras fundamentais, como não interromper quem estiver falando. Além disso, tente encerrá-los de um jeito positivo, com uma atividade divertida.

Quando notar algum comportamento impróprio em sua casa, interfira imediatamente. Por exemplo, quando um de seus filhos fizer um comentário negativo sobre outro, solicite imediatamente que ele faça dois comentários positivos. Caso ele se negue, faça você mesmo os dois comentários positivos e puna a criança pelos negativos. Depois, diga a seus filhos que não vai tolerar que usem palavras para ferir alguém, e que, se a atitude se repetir, você terá de aplicar medidas disciplinares sérias e apropriadas. Seja coerente, certificando-se de que nenhum comentário humilhante ou negativo ocorra sem sua resposta.

Ensine seu filho a aplaudir o sucesso de outros membros da família. Quando alguém faz alguma coisa que merece reconhecimento, peça à família para se unir a você nesse aplauso. Certifique-se de que ninguém fique de fora; procure alguma coisa em cada membro da família para direcionar a atenção de todos. Enxergue o que há de positivo em todos os seus filhos.

Dê atenção direta e pessoal a seu filho. Seja um bom ouvinte. Saber ouvir é o primeiro passo para incentivá-lo. Quando você tenta ser um bom ouvinte, isso diz a seu filho "Estou interessado em você e no que acontece com você, e quero ouvir o que pensa e sente". Estima-se que empregamos cerca de 70 por cento de nosso tempo acordado em comunicação (escrever, ler, falar, ouvir) e a maior parte desse tempo é usada para ouvirmos. Porém, os pais costumam ser maus ouvintes. Quando seu filho falar, fique quieto, incline-se levemente para frente, estabeleça um firme contato visual, não interrompa e diga coisas que indiquem que você entende os sentimentos que estão sendo expressos. Demonstre empatia e faça perguntas que deixem claro que você está ouvindo e deseja entender o que é dito. Mantenha a calma. Não mostre aborrecimento ou nervosismo, ainda que os sinta, independentemente do que seu filho estiver dizendo. Quando você tem uma reação emocional, pode tornar o problema pior. Lembre-se de que seus sentimentos podem estar claros em suas expressões faciais e tom de voz. Além disso, elogie seu filho sempre pela disponibilidade de compartilhar com você o que acontece com ele e na vida dele.

Ajude-o a desenvolver habilidades de comunicação. Elas são importantes em todos os relacionamentos que seu filho tiver. Ensine-o

62 PROTEJA SEU FILHO DO BULLYING

a ser um bom ouvinte, a comunicar seus pensamentos e sentimentos de maneira apropriada e a entender os alheios.

Explique as regras

Estabeleça regras familiares coerentes e consequências para seu não cumprimento. Elas devem ser firmes, justas, plausíveis e apropriadas para a idade. Explique suas expectativas com relação ao comportamento de todos e as razões para cada regra. Diga a seu filho que as normas não têm o propósito de restringi-lo, mas de assegurar que ele obtenha o melhor que a vida tem a oferecer. Que servem para ajudá-lo a se manter livre de conflito, raiva, sofrimento e infelicidade. É importante que você seja coerente ao aplicá-las. Depois, seja um bom modelo, cumprindo-as você mesmo. A seguir, alguns exemplos de regras familiares.

Exemplos de regras familiares antibullying

- Tratamos os outros como queremos ser tratados.
- Bullying não é permitido em nossa casa.
- Não debochamos, não xingamos, nem diminuímos as pessoas.
- Não batemos, não empurramos, não chutamos ou socamos.
- Ouvimos as opiniões uns dos outros.
- Tratamos uns aos outros com bondade e respeito.
- Respeitar os pertences dos outros.

Ensine respeito

Ensine seu filho a respeitar a autoridade, começando por você mesmo. Você é a primeira que ele conhece. Se não respeitar você, ele não vai respeitar outras pessoas. Isso exige que você não tolere desrespeito e que recompense e reforce o comportamento respeitoso de seu filho. Não permita que ele dê respostas mal-educadas a você ou a outras pessoas.

O respeito é uma via de mão dupla. Você não pode esperar que seu filho demonstre respeito por você, se não o tratar da mesma forma. Exemplifique o respeito sendo um bom ouvinte, estabelecendo contato visual quando ele falar com você, dando a ele permissão para manifestar opinião diferente ou preferência, batendo à porta do quarto dele antes de entrar, apresentando-o sempre aos outros e deixando-o responder a perguntas que são dirigidas a ele. Quando conversar com outra pessoa na presença de seu filho, não fale sobre ele como se não estivesse presente. Além disso, nunca o diminua, constranja ou humilhe diante dos amigos. Isso é especialmente importante com relação à disciplina. Sempre que possível, punições e censuras devem ser aplicadas longe de quaisquer observadores.

Proporcione supervisão

Supervisione seu filho com cuidado, especialmente quando ele estiver com outras pessoas. Crianças sem supervisão têm mais problemas de comportamento. Você não pode ensinar e corrigir seu filho se não está presente. Esse também é um bom momento para usar discretamente o comportamento inadequado de outras crianças como aprendizado. As crianças precisam de estrutura e de orientação adulta.

Trabalhe com outros pais para estabelecer uma rede de comunicação, para que seu filho possa telefonar para outros pais e pedir ajuda, se não conseguir encontrá-lo. Ajude-o a memorizar esses números de telefone e outros números importantes, assim como o nome das pessoas a quem ele pode recorrer em caso de emergência. Peça a ele para manter essas informações em um pedaço de papel no bolso. Aja em conjunto com outros pais em sua vizinhança para garantir que as crianças sejam supervisionadas de perto na ida e na volta da escola. Talvez você possa estabelecer locais seguros, onde a criança possa entrar para escapar de um bully ou de uma gangue de agressores.

Discipline seu filho com cuidado

Não maltrate seu filho. Não agrida, não seja excessivamente crítico, não o diminua nem grite com ele. As palavras têm peso e são lembradas por muito, muito tempo. Use-as para elevá-lo, incentivá-lo e apoiá-lo, não para diminuí-lo. Evite fazer comentários sarcásticos, ofensivos, humilhantes ou derrogatórios. Ninguém deve ser submetido a abuso verbal. Avalie e, se necessário, modifique sua forma de educar e suas técnicas de disciplina. O estilo de disciplinar deve ser criado em torno da natureza e das necessidades de cada criança. Nunca demonstre favoritismo ou maior tolerância com um dos filhos, mas suas estratégias de disciplina podem ser diferentes para crianças diferentes. Use estratégias positivas de disciplina para ajudar seu filho a se sentir amado, desenvolver confiança e autoestima e ter um sentimento de segurança.

Sua maneira de disciplinar deve ser afetuosa, destituída de violência e de agressividade, porém não permissiva. Você é a chave para seu filho desenvolver um comportamento aceitável. James Dobson define permissividade como "a ausência de autoridade, resultando na falta de limites para a criança".[1] Quando os pais são muito permissivos, criam filhos que sentem que a vida não tem controle e o comportamento dessas crianças costuma refletir esse sentimento. Quando as crianças não recebem limites, testam o comportamento impróprio para descobrir quais são as consequências. Se a atitude é ignorada ou permitida, elas continuam sem saber quais são os limites. Limites não são impostos somente por consequências corretivas ou negativas dadas por você. Também podem ser empregados quando se elogia o bom comportamento da criança. Portanto, é importante que você elogie com generosidade uma atitude apropriada de seu filho.

Dobson recomenda evitar os estilos extremos de disciplina:

Com a severidade excessiva, a criança sofre a humilhação da total dominação. A atmosfera é gelada e rígida, e ela vive com medo constante. É incapaz de tomar as próprias decisões e sua personalidade é esmagada pela boca feroz da autoridade parental. Características duradouras de dependência, hostilidade generalizada e psicose podem emergir dessa opressão dominadora. A posição oposta — completa permissividade — é igualmente trágica. Nesse cenário, a criança é seu próprio mestre desde a mais tenra infância. Acredita que o mundo gira em torno do império representado por sua cabeça e costuma ter total desprezo e desrespeito por aqueles que estão mais próximos dela. Anarquia e caos reinam em sua casa e sua mãe é, frequentemente, a mulher mais nervosa e frustrada do quarteirão.[2]

Alguns especialistas em desenvolvimento infantil recomendam que você proporcione a seu filho a chance de se justificar. Às vezes os pais não consideraram adequadamente todos os fatos para determinar se a disciplina é necessária e apropriada. Os pais podem cometer enganos e, nesse caso, devem se desculpar. Portanto, a criança precisa de uma oportunidade para apresentar seu caso de maneira respeitosa. Você e seu filho devem expressar respeito mútuo nesse momento.

Incentive as boas amizades

Estimule seu filho a ser amigo de indivíduos bondosos e que aceitem outras pessoas, e a evitar amizades com aqueles que maltratam os outros. Se seu filho se torna amigo de indivíduos que você não aprova, expresse sua preocupação. Caso você não consiga influenciar a escolha de amigos, convide-os para ir à sua casa. Dessa forma, você poderá observá-los, em vez de ficar simplesmente imaginando o que estão fazendo. Você pode até *sugerir* coisas que eles possam fazer e lugares para onde ir. Às vezes as crianças se metem em encrencas por estarem entediadas, procurando um jeito de se divertir. Você pode ser uma influência positiva.

Ensine seu filho a ser um bom amigo; incentive-o a apoiar os colegas e não sentir inveja deles. Ensine a ele que há uma diferença entre um grupo fechado e um grupo de amigos. O grupo fechado é frequentemente composto por crianças populares que acreditam ser melhores do que as outras crianças e que não são bondosas com elas. Elas costumam estabelecer regras que excluem os colegas e exigem

66 PROTEJA SEU FILHO DO BULLYING

lealdade ao grupo. Certifique-se de que seu filho entenda que muitos desses grupos giram em torno da ideia de poder, e fazer parte deles não deve ser um objetivo a ser perseguido. Seria concordar com a rejeição de alguém.

Incentive a expressão de sentimentos

Faça com que seu filho diga o que sente, fale de pensamentos que o perturbam e sobre o que acontece com ele, mesmo quando pensar que isso pode preocupar você. Preocupar-se com ele é sua função. Quando você decide ter um filho, está concordando em se importar com ele pelo resto da vida. Peça para ele lhe contar quando alguém o estiver magoando. Diga a ele que você quer saber o que ele pensa e sente, porque o ama com todo seu coração.

Ajude seu filho a desenvolver um "vocabulário de sentimentos" quando ainda é jovem, de forma a externar para você o que sente. Ensine a seu filho a seguinte lista de palavras, e use-as ocasionalmente para expressar seus sentimentos. Quando ele tiver algum problema para se expressar, peça que escolha termos mais apropriados.

Palavras para sentimento

Feliz	Chocado	Confuso
Empolgado	Aterrorizado	Embasbacado
Ansioso	Inquieto	Humilhado
Alegre	Calmo	Irritado
No topo do mundo	Contente	Louco de raiva
Triste	Satisfeito	Zangado
Para baixo	Orgulhoso	Perturbado
Miserável	Relaxado	Furioso
Choroso	Surpreso	Temeroso
Agitado	Sobressaltado	Embaraçado
Aflito	Tímido	Culpado
Tenso	Dengoso	Acanhado
Preocupado	Impotente	Envergonhado

Com medo
Magoado
Aborrecido

Solitário
Exasperado
Perplexo

Seguro
Espantado

Construa autoestima

Respeite a natureza de seu filho. Ele veio "pré-programado" e sua "bagagem já está meio cheia". Isso significa que ele nasceu com certo temperamento e determinadas características. Por exemplo, algumas crianças são naturalmente mais ativas, e não conseguem ficar sentadas por longos períodos de tempo. Elas não são hiperativas; apenas muito ativas. Algumas têm personalidades mais intensas que outras — certos sentimentos e necessidades são mais intensos. Algumas são mais sociáveis que outras. Respeite e reconheça a natureza de seu filho. Não o faça sentir que deve transformar sua personalidade para ser como um dos irmãos ou como você.

Tenha em sua casa uma "Caixa de Afirmação". Pode ser uma simples caixa de sapato com uma abertura em forma de fenda na tampa. Deixe uma caneta e pequenos pedaços de papel ao lado da caixa. Uma ou duas vezes por semana, escreva alguma coisa positiva sobre seu filho e coloque-a na caixa para que ele a leia. Faça comentários de uma ou duas frases, no máximo. Incentive todos os irmãos a escreverem coisas positivas uns sobre os outros. Você provavelmente precisará verificar as anotações antes que sejam lidas, para ter certeza de que são realmente afirmações. Depois de seu filho ler a mensagem, explique por que você acha que ele merece o comentário positivo. A seguinte lista de características positivas pode ajudá-lo a escrever suas sentenças.

Características positivas

Afetuoso
Agradável
Alegre
Alerta
Altruísta

Ambicioso
Amigável
Amoroso
Analítico
Animado

Arrumado
Articulado
Assertivo
Atencioso
Atento à saúde

68 PROTEJA SEU FILHO DO BULLYING

Atento à
    segurança
Ávido
Bem-humorado
Bem-sucedido
Bom esportista
Bom exemplo
Bom líder
Bom ouvinte
Bom seguidor
Bondoso
Calmo
Capaz de resolver
    conflitos
Cauteloso
Coerente
Compreensivo
Confiante
Confiável
Conhecedor
Consciencioso
Cooperativo
Corajoso
Cortês
Criativo
Cuidadoso
Dedicado
Delicado
Desembaraçado
Determinado

Dinâmico
Disciplinado
Divertido
Doador
Eficiente
Esforçado
Estabelece
    objetivos
Estável
Ético
Flexível
Focado
Focado na tarefa
Forte
Generoso
Genial
Gentil
Honesto
Honrado
Humilde
Imaginativo
Independente
Inovador
Inspirador
Inteligente
Interessante
Intuitivo
Justo
Leal
Lógico

Maduro
Mediador
Mente aberta
Motivado
Obediente
Organizado
Orientado para
    o coletivo
Otimista
Paciente
Pacífico
Pontual
Prestimoso
Proativo
Rápido
Razoável
Reconhecedor
Relaxado
Resistente
Respeitável
Responsável
Sábio
Saudável
Seguro
Sensitivo
Sensível
Sincero
Solidário
Tolerante
Versátil

Se não quiser usar uma caixa, escolha simplesmente uma palavra a cada semana, seja dessa lista ou qualquer outra que descreva seu filho e diga a ele que notou essa característica nele. Outra estratégia é encontrar uma situação em que seu filho escute você falando de maneira positiva sobre ele com alguém. Lembre frequentemente seu filho sobre os bons comentários que outras pessoas fizeram a seu respeito. Use suas palavras e ações para melhorar a autoestima dele. Seja seu maior fã. Deixe que ele o escute enaltecendo suas características positivas. Zig Ziglar fala em "descobrir o bem".[3] Procure o que há de bom em seu filho e certifique-se de que ele vê essas coisas.

Ensine-o a conversar consigo mesmo de maneira positiva. Você pode incentivar esse hábito, tentando elogiá-lo todos os dias. É natural que as pessoas digam coisas negativas sobre si mesmas: "Sou burro" ou "Não consigo fazer nada direito". Ensine seu filho a se acostumar a dizer e ouvir coisas positivas sobre si mesmo.

Evite criticar a personalidade e a aparência de seu filho. Adjetivos negativos (como *burro, desajeitado, feio*) são tão poderosos quanto os positivos e podem ter um efeito devastador sobre a autoestima de seu filho. James Dobson diz que a "autoestima é o atributo mais frágil na natureza humana; ela pode ser danificada por um incidente sem importância e sua reconstrução é sempre difícil de engendrar".[4] Além disso, quando seu filho o escuta dizendo palavras negativas para descrevê-lo, pode ficar ressentido. Esses sentimentos com relação a você podem causar culpa, e provocar um comportamento impróprio, na esperança de ser punido por seus sentimentos.[5]

Evite pedir a seu filho para demonstrar alguma fraqueza na frente dos outros. Por exemplo, se ele tem dificuldade para ler, não peça que leia diante de membros da família ou outras pessoas. Em vez disso, peça que faça alguma coisa que demonstre seus pontos fortes.

Nunca dê a seu filho apelidos negativos nem o apresente de forma negativa, mesmo que seja para brincar ou ser engraçadinho, nunca diga coisas como "Este é o nanico", "Este é o anão da família", "Este é meu diabinho" ou "Este é o fedorento da família". Suas palavras devem comunicar que você o ama e se orgulha de ser seu pai ou mãe. Seu filho precisa sentir que é importante para você.

70 PROTEJA SEU FILHO DO BULLYING

A autoimagem e a autoestima de seu filho são muito importantes. Quando ele se sente mal com relação a si mesmo, não entende como os outros possam aceitá-lo ou gostar dele. Esse pensamento prejudica sua capacidade de fazer amigos e pode levar à depressão.

Também é melhor evitar rótulos cujas expectativas sejam muito difíceis de realizar, como "Este é meu anjinho" ou "Este é meu gênio". Apenas deixe seu filho saber que você sempre o amará e que não há nada que ele possa fazer para mudar isso, seja algo bom ou ruim. É assim que deve ser entre pais e filhos. Receber notas altas não muda o amor que você sente por ele. Tirar algumas notas baixas não afeta o amor que você sente por ele. Nem mesmo ser um "anjo" pode mudar esse sentimento. Nunca, jamais faça seu filho ter a sensação de que pode ser uma decepção.

Ajude-o a estabelecer objetivos realistas e a entender seu propósito na vida. Certifique-se de que ele não estabeleça apenas objetivos em longo prazo, algo que exija muito tempo para ser realizado. Divida-os em objetivos de curto prazo que, unidos, conduzam a um longo prazo. Isso proporcionará mais oportunidades para incentivo, sucesso e recompensa. Quando ele alcançar uma meta, comemore. Recompense, mesmo que o objetivo não seja concretizado. Alcançar ideais é uma maneira excelente de aumentar a autoconfiança e o orgulho de si mesmo.

Construa força física

Inscreva seu filho em uma atividade física, musculação, dança ou artes marciais. Isso aumenta a autoestima e a confiança, e ensina o autorrespeito e a consideração pelos outros. Antes de matriculá-lo em qualquer atividade, especialmente de artes marciais, pergunte ao instrutor se ele pode assistir a algumas aulas. Procure conversar com moradores da comunidade e obter informações sobre o professor.

Exercício físico melhora o condicionamento físico e a coordenação, além de ajudar a criança a lidar com o estresse e a ansiedade. Se você considera matriculá-lo em alguma arte marcial, saiba que, embora ele talvez nunca use o que aprendeu, estará mais preparado para enfrentar e até evitar um ataque físico. Em outras palavras, as artes marciais podem fortalecer seu filho. Eu soube que crianças que aprendem esse tipo de esporte desenvolvem sensibilidade a situações perigosas ou potencialmente prejudiciais — como se tivessem um radar. Muitas aulas de artes marciais enfatizam que revidar ao ataque é o último recurso e pode, na verdade, tornar o bullying ainda pior. Mas, caso seu filho não consiga fugir ou se defender verbalmente de um ataque físico, o treinamento o ajudará a se defender.

Encoraje pensamento positivo

Dê esperança a seus filhos por meio da visão que você tem deles. Pais bem-sucedidos que criam filhos de forma positiva devem vê-los como pessoas que um dia serão competentes e positivas. Essa visão precisa ser compartilhada com ele. Vai ajudá-lo a se ver como um adulto de sucesso no futuro. Essa atitude terá impacto positivo no seu comportamento e no dele. Zig Ziglar diz que o pensamento positivo não levará a criança a fazer nada, mas a fazer tudo melhor do que com pensamento negativo.[6]

Seja um encorajador. Lembre-o constantemente daquilo que ele sabe fazer. Sempre que o vir agindo corretamente ou fazendo algo com destreza, deixe-o saber que isso foi notado. Sendo um encorajador, você traz à tona o que há de melhor no seu filho. Isso é especialmente importante quando a criança não quer praticar esportes e frequenta uma escola em que esportes são enfatizados. Certifique-se de que seu filho entende que o envolvimento nos esportes não é exigido. Algumas crianças sentem que outras as consideram piores se não praticarem nenhum esporte. Algumas famílias e sistemas educacionais colocam os atletas em pedestais. Há tremendo valor nos esportes, mas as crianças não devem sentir que há algo de errado com elas porque não são ou não querem ser atletas. Algumas chegam a ter pavor da pergunta "Que esporte você pratica?". Faça algo de especial por cada um de seus filhos. Por exemplo, nas noites de sexta-feira, brinque com eles ou leve-os ao cinema ou cozinhe algo especial. Ocasionalmente, exceda as expectativas fazendo alguma coisa realmente significativa — ou apenas dedique a eles um tempo significativo todas as semanas.

72 PROTEJA SEU FILHO DO BULLYING

Construa a autoconfiança de seu filho dando a ele escolhas aprovadas. Em vez de dizer a ele o que fazer, o que vestir e assim por diante, escolha duas ou três opções que você aprova e peça a ele para selecionar uma. Deixe-o ajudar em casa. Dê-lhe responsabilidades. Ele precisa de oportunidades para se responsabilizar por alguma coisa, seja uma tarefa doméstica ou um animal de estimação. Isso o ajudará a se sentir competente, valorizado e seguro. Quando tudo é feito por e para ele, seu filho pode sentir-se inadequado e insignificante. Tenha certeza de anunciar como ele é eficiente no cumprimento de suas tarefas e como desempenha bem suas responsabilidades.

Vez ou outra, dê-lhe um cartão ou bilhete que relembre seus sentimentos por ele e seu desejo de vê-lo feliz. Deixe o cartão onde sabe que seu filho o encontrará. Diga que ele foi uma bênção para você. Acima de tudo, diga quanto se orgulha dele — não por suas realizações, mas por quem ele é.

Alivie o estresse

Diga a seu filho que a vida pode ser estressante e ensine a ele maneiras de impedir e lidar com o estresse. Por exemplo, exercício regular e técnicas de relaxamento podem ajudar a aliviar o estresse. Uma boa dieta e pensamentos positivos também podem evitar os efeitos nocivos do estresse.

Aborde questões de comportamento

Se seu filho exibe comportamento impróprio, elimine causas psicológicas como déficit de atenção, problemas de visão ou audição e assim por diante. Leve-o para uma avaliação médica anual e acompanhe sempre suas condições físicas.

Aprenda a fazer perguntas para chegar ao centro de comportamentos problemáticos. Tedd Tripp diz que o coração determina a conduta e que você deve começar procurando entender a natureza do conflito interno de seu filho, que se expressa por sua maneira de ser.[7] Seu objetivo não é apenas corrigir, mas compreender o "porquê" do que foi dito e feito e a batalha que se desenrola dentro da criança. Tente utilizar perguntas como as seguintes, que funcionam traçando o caminho inverso, do comportamento ao sentimento. Enquanto seu filho responde às perguntas, seu trabalho é ajudá-lo a entender a si mesmo e falar com clareza e honestidade sobre suas dificuldades interiores.

Exemplos de questões para descobrir o centro dos problemas de comportamento

- O que você estava sentindo quando bateu na sua irmã?

- O que sua irmã fez para deixá-lo zangado?

- Por que você se sente aliviado quando bate na sua irmã?

- O que ela fazia que lhe causava irritação?

- Você está arrependido de tê-la tratado mal?

- De que outras maneiras você poderia ter reagido?

Ensine a ele que não é errado sentir raiva ou qualquer outra emoção. Porém, é necessário que os sentimentos sejam expressos de maneira apropriada. Mostre alternativas para substituir a agressão no momento de responder a algo que o magoou. Explique algumas das técnicas de controle da raiva relacionadas a seguir.

Administrar a raiva

- Aceite seus sentimentos de raiva. Veja-os como normais. Não tente escondê-los ou ignorá-los. Fale com um adulto sobre eles.

- Pare e pense. Não faça nada imediatamente — pense em suas opções.

- Pense em como você tem o poder de controlar seus sentimentos e pensamentos.

- Diga a si mesmo: "Não é errado sentir raiva, mas é errado bater em alguém."

74 PROTEJA SEU FILHO DO BULLYING

- Olhe em volta, conte e nomeie os objetos que você vê (como uma sala, duas canetas, quatro cadernos e assim por diante).

- Repita, em relação a um objeto, e descreva-o para si mesmo em detalhes.

- Ponha uma pedra lisa no bolso; quando estiver zangado, segure-a e sinta a lisura da pedra para se lembrar de manter a calma.

- Diga à pessoa como você se sente.

- Aprenda a usar a respiração para ajudar no controle da raiva. Conte até dez e faça inspirações profundas na mesma proporção. Comece ficando de pé ou se sentando com as costas eretas, depois inspire pelo nariz. Quando inspirar, seu estômago deve ficar saliente e você deve sentir seus pulmões se enchendo de ar. Faça a respiração demorar mais do que o normal. Prenda o fôlego e conte até três, depois solte o ar lentamente enquanto puxa o estômago para dentro.

- Contraia e relaxe todos os músculos.

- Simplesmente se afaste da situação que causa raiva e faça alguma coisa de que goste (por exemplo, ouvir música, correr ou dar uma caminhada).

- Escreva uma história, uma canção, um poema ou uma carta sobre sua raiva.

Ensine seu filho a expressar seus sentimentos com palavras de maneira respeitosa, em vez de agir em impulsos furiosos. Também é importante elogiá-lo pelo autocontrole e demonstrar essa capacidade você mesmo.

Estimule hobbies e talentos

Ajude seu filho a descobrir um hobby ou talento que o fará sentir-se bem. Não deixe seu filho passar muito tempo sentado e aparvalhado. É próprio da natureza humana dedicar muita atenção aos problemas e às fraquezas. Crianças que não têm nada que as mantenha ocupadas tendem à baixa autoestima e a se tornar deprimidas.

Ajude-o a identificar talentos e dons que podem ser desenvolvidos. Uma vez por semana (ou ocasionalmente) peça a ele para fazer uma lista das coisas positivas que estão acontecendo em sua vida. Essa atividade pode ajudá-lo a identificar habilidades. As pessoas tendem a apreciar as atividades em que são boas ou que são gratificantes. Esse esforço também ajudará seu filho a focar os pontos positivos em sua vida e melhorar a autoestima.

Estimule o trabalho em equipe e a ajuda ao próximo

Reforce e recompense comportamentos de aceitação observados em seu filho e faça comentários positivos sobre suas ações. Deixe-o saber que você valoriza a bondade, a sensibilidade e a empatia, especialmente quando são usadas para ajudar o próximo. Por exemplo, talvez seu filho expresse verbalmente o desejo de ajudar uma nova família a se sentir bem-vinda no bairro. Vocês podem trabalhar juntos nesse sentido. Se eles têm filhos que vão frequentar a mesma escola do seu, convide-os para ir à sua casa conhecê-lo. Peça a seu filho para fazer ou comprar um cartão de boas-vindas para eles.

Envolva seu filho em projetos ou serviço de caridade. Há algo de emocionalmente curativo em ajudar os outros. De vez em quando, leve-o em uma excursão de família planejada, para desenvolver sensibilidade e solidariedade. Visite um abrigo para sem-tetos, um hospital infantil ou um asilo. Essas atividades podem ajudá-lo até a desenvolver habilidade para o trabalho em equipe ou traços de liderança.

Ensine a importância da cooperação, do trabalho em equipe, da colaboração e do compromisso apropriado, especialmente quando for necessário para ajudar ao próximo. Indivíduos autossuficientes ou que acreditam estar sempre certos têm sérias dificuldades na vida. Recompense seu filho quando o vir cooperando ou assumindo compromissos que beneficiem outras pessoas. Ensine-o, porém, que não é apropriado ceder ou concordar com um indivíduo ou grupo quando eles solicitam que se faça algo errado ou questionável.

Evite exposição à violência

Monitore os programas de televisão de seu filho. Ajude-o a distinguir entre o que é ou não real na televisão. De acordo com a Comissão Federal de Comunicações, em média, a criança americana testemunhará 12 mil atos de violência na televisão anualmente, chegando a cerca de 200 mil atos de violência quando ela tiver 18 anos.[8] De 1994 a 1997, um estudo nacional sobre a televisão reuniu dados de quase dez mil horas de programação e fez as seguintes descobertas:[9]

- Sessenta por cento dos programas da amostragem continham cenas violentas.

- Mais de um terço das cenas de violência mostravam personagens maus que nunca foram punidos.

- Setenta por cento não demonstraram remorso nem foram penalizados no momento em que a violência ocorreu.

- Quarenta por cento de toda violência incluía humor.

- Cinquenta por cento das cenas estudadas não davam indicações de dor.

- Mais de 50 por cento dos incidentes violentos teriam sido letais ou incapacitadores se ocorressem na vida real.

- Quarenta por cento da violência foi perpetrada por personagens atraentes (heróis).

- Um pré-escolar típico assistindo a duas horas de desenhos animados todos os dias verá dez mil incidentes violentos por ano, quinhentos dos quais provavelmente servirão de modelo para comportamentos e atitudes agressivas.

Mais de mil outros estudos confirmam uma ligação entre tempo passado diante da televisão e comportamento agressivo, criminalidade e outras formas de violência social. Estudos sobre o hábito de assistir à tevê revelam que a quantidade de violência na televisão está aumentando. Assistir a programas violentos pode tornar as crianças amedrontadas, temerosas de se tornar vítimas ou desconfiadas e aumentar as tendências de atitudes agressivas. Eles também perdem a sensibilidade para a violência do mundo real. Faça semanalmente uma lista dos programas de televisão, incluindo horários e canais, que seu filho pode ver. Quando cada programa for visto, peça-lhe para fazer um sinal ao lado do título.

Dave Grossman diz que também devemos reconhecer o impacto da violência nos noticiários.[10] Ele afirma que a superexposição à violência dos noticiários pode incentivar uma criança a buscar a violência no entretenimento. Ele afirma também que as notícias focam com muita frequência a agressão e o lado negativo do comportamento humano. Pré-escolares definitivamente não devem assistir aos noticiários da tevê.

Michelle Elliott, fundadora da Kidscape, diz que você pode utilizar a televisão para inspirar seu filho.[11] Certos programas e filmes da tevê podem estimulá-lo a tocar um instrumento musical, ajudar os sem-teto, ajudar crianças vítimas da fome e ser generoso com quem é maltratado e rejeitado.

Monitore também o uso da internet e de videogames violentos. Recuse-se a comprar ou aprovar jogos com conteúdo inadequado. Quanto mais cedo esses jogos forem introduzidos, maior será a probabilidade de a criança ansiar pelos mais violentos.[12] Instale o computador de seu filho em um local por onde você passe com facilidade e possa ver o que ele está fazendo. Alguns pais colocam o computador dos filhos em um quarto sem porta, com a tela voltada para o corredor.

Monitore também a música que seu filho escuta em casa ou no carro e recuse-se a permitir que ele ouça canções violentas. A Recording Industry Association of America oferece as seguintes sugestões aos pais:[13]

- Procure as letras das músicas antes de permitir que seus filhos as escutem. Há recursos para isso na internet.

- Controle o que eles ouvem: monitore a música que compram e baixam da internet, que é de onde a maioria das crianças tira suas músicas hoje em dia. Se você não aprova as letras, desligue o rádio. Faça um acordo com eles desde o início, deixando claro que você tem ascendência e poder sobre a tomada de decisão quanto ao que eles ouvem e compram.

78 PROTEJA SEU FILHO DO BULLYING

- Ouça com seus filhos. Veja o que há lá. Responda e ajude-os a entender e sintetizar a que estão sendo expostos.

- Preste atenção especial aos CDs de seu filho cujos rótulos tenham sido removidos.

Substitua as músicas com letras ofensivas por outras mais apropriadas. A música adequada pode aprimorar a criatividade de seu filho e sua capacidade de solução de problemas, bem como promover prazer e relaxamento mental.

Proteja seu filho das armas

As histórias da mídia e as estatísticas sobre disparos acidentais são assustadoras: no ano de 2002, em média oito jovens foram mortos por armas a cada dia — isso significa uma morte a cada três horas.[14] Quando uma criança leva uma arma à escola para se proteger, as vítimas do bullying estocam armas e se vingam. O acesso às armas pode ser um fator que contribui para atos de violência. Uma professora me disse que, quando era criança, foi vítima de bullying e foi atormentada por vários anos na escola e sempre pensava em vingança. Ela disse: "Se tivesse acesso a uma arma, acho que teria matado todos eles." Se você tem armas em casa:

- Mantenha-as em local trancado. Se a fechadura tem uma chave, guarde-a fora do alcance das crianças.

- Torne a arma inacessível a seu filho.

- Mantenha-as descarregadas.

- Guarde a munição em local separado, longe das armas.

- Utilize as travas de gatilho em todas as armas.

- Ensine às crianças que armas matam e que a morte é algo permanente.

- Fale sobre aspectos de segurança relacionados a uma arma, talvez até matriculando-o em um curso específico para isso.

Explique a ele como agir quando vir um amigo com uma arma: pare, não toque, afaste-se e conte o que viu a um adulto. Fale sobre como reagir a estas situações específicas:

- Um amigo mostra uma arma.

- Um colega de sala tem uma arma na mochila ou no armário.

- Ele vê uma pessoa entrar na loja com uma arma.

- Ele encontra uma arma.

Informe-se e envolva-se

Procure informações sobre questões familiares, desenvolvimento infantil e sobre a cultura jovem atual. Uma das melhores fontes desse tipo de informação é a internet.

Participação em aulas para pais

Descubra se organizações da comunidade e agências, ou mesmo a escola de seu filho, oferecem aulas para pais. Caso contrário, comece um curso. Os pais se ajudam. Também há vários sites cuja missão é ajudar os pais a desenvolver boas habilidades parentais e oferecer orientação sobre uma variedade de questões relacionadas à criação de filhos.

Mantenha contato com a escola de seu filho

Participe das reuniões de pais e professores e outros encontros, bem como de eventos e atividades escolares. Peça ao professor para mantê-lo informado sobre todas as questões relacionadas a ele. Explique que você quer saber sobre a vida social e a saúde emocional de seu filho, não só sobre seu desempenho escolar. Exponha problemas ocorridos em casa que possam afetar o humor, o comportamento e o aprendizado de seu filho.

Torne-se voluntário ou supervisor na escola dele

Seu envolvimento o ajudará a se manter informado; e você pode fazer uma tremenda diferença. Essa atitude vai transmitir a seu filho

80 PROTEJA SEU FILHO DO BULLYING

o quanto a educação é importante. Também vai dar a você a oportunidade de desenvolver relacionamentos com o pessoal da escola, que serão de grande utilidade se seu filho tiver de lidar com questões problemáticas no ambiente escolar.

Fale sobre bullying e o ambiente social na escola

Discuta com seu filho a natureza do bullying. Quando vir algum caso de agressão na televisão, certifique-se de discuti-lo com ele e explicar-lhe que não deve tolerar nem participar desse tipo de comportamento. Discuta casos reais de fanatismo e preconceito apresentados na televisão ou em outro meio de comunicação. Peça a ele para fazer anotações sobre agressão, fanatismo e preconceito vistos na tevê e para discutir seus sentimentos com você durante uma reunião familiar.

Peça a seu filho para recordar uma ocasião em que foi maltratado, quando as palavras ou atitudes de alguém o magoaram. Peça também para ele descrever uma situação em que fez ou disse alguma coisa para magoar alguém, em que viu ou ouviu uma intimidação, mas não fez nada a esse respeito, e outra em que presenciou ou ouviu uma agressão e providenciou ajuda ou tomou alguma providência para interrompê-la.

Pergunte se ele conhece alguém que maltrata outras pessoas quase todos os dias. Discuta por que alguém pode querer maltratar outras pessoas. Ajude-o a identificar os meios pelos quais ele possa ajudá-las a mudar. Por exemplo, se o agressor gosta de ter uma plateia, seu filho pode se afastar e se recusar a rir da situação.

Pergunte a seu filho se ele conhece alguém que é maltratado todos os dias. Discuta como os maltratados podem se sentir. Procure ajudá-lo a identificar meios pelos quais ele possa ajudar outras pessoas a se sentirem aceitas e valorizadas. Ensine-o a não permitir que outros controlem sua interação com seus pares.

Aconselhe-o a evitar indivíduos que maltratam outras pessoas ou a ele mesmo. Certifique-se também de que ele não tolere maus-tratos só para ser aceito por estudantes populares. Explique que popularidade nunca deve ser um objetivo. Ela é um subproduto da vida que levamos e que decência é mais importante que status social.

Compartilhe histórias sobre seus dias na escola. Conte sobre os tempos em que tentava se adaptar e o que aprendeu com essas experiências. Ou sobre os tempos em que defendeu vítimas de intimidação ou se esforçou para fazer a pessoa maltratada se sentir querida.

Estimule seu filho a relatar a um adulto de confiança caso seja vítima de maus-tratos ou quando vir alguém ser maltratado. Fale que não precisa ser um professor. Pode ser uma secretária, um vigia, um funcionário da escola, qualquer adulto atuante no ambiente escolar. Explique que você também gostaria de saber sobre esses incidentes.

Tenha conversas sobre a escola e sobre como ele se sente em relação ao ambiente social. Pergunte "Como os alunos tratam uns aos outros?", "Como os professores tratam os alunos?", "Alguém o está magoando ou envergonhando?", "Existe algum grupo fechado ao qual você gostaria de pertencer?", "Como os professores tratam uns aos outros?", "Como foi hoje no ônibus escolar?", "Há algum tempo venho notando que você não se sente bem. Tem alguma coisa que queira me contar?" e outras perguntas semelhantes. Às vezes é melhor pedir a seu filho que complete as frases.

Frases abertas sobre a escola

- O que eu mais gosto na escola é...

- O que eu menos gosto na escola é...

- A coisa mais engraçada que vi na escola é...

- A coisa mais engraçada que já ouvi na escola foi...

- A coisa mais triste que vi na escola essa semana foi...

Quando ouvir comentários sobre alguma vítima de bullying, defenda essa criança. Informe os pais da criança e a escola sobre a ocorrência de maus-tratos. Isso mostrará a seu filho que você está disposto a defender quem é maltratado e que espera que ele faça o mesmo.

Discuta a pressão social

Assuma uma posição contra a pressão social negativa, e manifeste suas expectativas claramente para seu filho. Ensine que não é legal ceder à pressão negativa dos colegas. Diga a ele que você espera que ele não entre nesse jogo — fazer "o que todo mundo faz", vestir "o que todo mundo veste" ou tratar mal indivíduos que outros maltratam. Uma das maneiras mais eficientes de resistir à pressão negativa é aprender habilidades de assertividade. Várias estratégias são apresentadas no Capítulo 6, na seção "Dicas para a vítima de bullying". Muitas delas terão de ser praticadas por seu filho, talvez diante do espelho e em sua companhia, numa espécie de treinamento.

Ensine-o a importância de ser ele mesmo e não se preocupar muito com o que seus amigos pensam. Depois de expressar verbalmente suas expectativas, você pode se surpreender quando seu filho, (especialmente se tiver menos de 13 anos) deixar de responder à pressão negativa dos colegas.

Evite preconceito e discriminação

Discuta com seu filho o significado dos termos *preconceito, estereótipo* e *discriminação*. Porém, examine primeiro os próprios pensamentos e sentimentos sobre diferenças e certifique-se de não ser o culpado por comunicá-los a seus filhos. Você precisa ser um bom modelo, ou suas palavras serão vazias.

Estereotipar é presumir que todo membro de um grupo religioso, racial, étnico ou cultural é igual. Quando estereotipamos pessoas, não as vemos como indivíduos. Preconceito é usar estereótipos para julgar os outros como bons ou maus, cruéis ou bondosos, inteligentes ou burros, e assim por diante, antes de conhecê-los. Discriminação é ignorar, evitar, excluir ou mesmo atacar as pessoas só porque são diferentes.

Ao contrário do que prega a crença popular, as crianças não são cegas às diferenças que percebem nas pessoas. Desde muito pequenas, começam a fazer perguntas sobre as diferenças que observam. Converse com seu filho e explique que é bom ter opiniões, mas ruim

Dar a seu filho um bom começo **83**

gostar ou não das pessoas só por causa de sua classe social, de como se vestem, sua aparência, cor, religião, sotaque, estilo de vida e assim por diante. Explique que o importante é como as pessoas são por dentro. É o caráter que realmente importa. As crianças aprendem como responder às diferenças por intermédio dos adultos importantes em sua vida, gente como você. Seja sensível aos comentários de seu filho, reforçando atitudes positivas e corrigindo comentários impróprios.

Incentive-o a brincar com crianças de origens e culturas diferentes. Envolva seu filho em esportes, clubes, acampamentos de verão e atividades comunitárias em que haja crianças com origens, formação e cultura diversificadas.

Conduza uma avaliação anual

Uma ou duas vezes por ano, faça uma avaliação de seu filho. Relacione suas satisfações pessoais e desenvolva estratégias para lidar com áreas que o preocupam. As questões listadas no Apêndice A lhe darão uma ideia do que perguntar a si mesmo sobre seu filho. Essa atividade o ajudará a desenvolver uma criança resistente, capaz de lidar com as pessoas difíceis que encontramos na vida e capaz de lidar com situações constrangedoras. Quando conduzir essa avaliação, seja especialmente sensível ao desenvolvimento social e emocional de seu filho. Você pode encontrar informações sobre estágios do desenvolvimento infantil em livros ou on-line.

Aprecie a companhia de seu filho

Dedique sempre um tempo para estar com seu filho, apreciar sua presença. Como pais, estamos constantemente preocupados com eles, e às vezes guardamos perguntas que devemos fazer. Então, um dia, nós os bombardeamos. Eu fiz isso com meu filho. Depois de ele ter se tornado um jovem adulto, não o víamos com muita frequência, e estávamos preocupados. Um dia, quando eu perguntava coisas sobre amor e preocupação, ele me olhou de um jeito muito amoroso e disse: "Papai, quando eu estiver com você, apenas esteja comigo, goste de estar comigo." Eu segui seu conselho. Alguns meses depois disso, ele faleceu. Hoje valorizo aqueles momentos em que simplesmente estive com ele, fui seu pai e apreciei a pessoa bonita que ele era. Eu não sabia que ele ia morrer e que eu não teria mais essa oportunidade na vida. Um dia vou gostar de estar novamente na presença dele.

MENSAGENS-CHAVE

- Uma vida doméstica de qualidade pode ter impacto significativo sobre a habilidade de seu filho para lidar com pessoas e com a vida.
- Seu filho precisa de amor incondicional e atenção.
- Incentive-o a ser um pacificador.
- Cerque seu filho de pessoas com boa moral.
- Tenha conversas individuais e reuniões de família sobre assuntos como bondade, amor, paciência, tolerância, aceitação, coragem, justiça, respeito e defesa dos direitos alheios.
- Ensine-o a ser amigo de indivíduos bondosos e que aceitem os outros, e a evitar amizades com os que maltratam outras pessoas.
- Seja um encorajador e ajude seu filho a desenvolver autoestima.
- Ajude-o a aliviar o estresse e encontrar um hobby que aprecie.
- Monitore os programas de televisão aos quais ele assiste e a música que ouve.
- Converse com seu filho sobre bullying e sobre como ele se sente com relação ao ambiente social e à atmosfera da escola.
- Simplesmente aprecie o tempo que passa com seu filho.

5
Promover a aceitação de seu filho

Caro Dr. Beane:

Entro em contato porque estou preocupada com meu filho. Ele só tem 6 anos e já é alvo de maus-tratos, praticamente sempre que se aproxima de outras crianças. Alguns amigos sugeriram que ele não sabe interagir com outras crianças. Eles dizem coisas como, "Não se preocupe, um dia ele vai aprender a brincar com os outros". Tento olhar com honestidade para ele quando está brincando com os coleguinhas. Agora percebo que existem algumas coisas que ele precisa aprender a fazer de maneira diferente. Ele parece irritar os outros e sempre quer as coisas a seu modo. Sinto que preciso ensinar a ele como fazer amigos. Não tenho certeza de que sei como fazer isso. O que recomenda? O que mais posso fazer para ajudá-lo a ser tratado adequadamente pelos colegas?

A necessidade de aceitação é premente. As crianças constantemente buscarão meios de atender a essa necessidade — e muitos desses meios são impróprios e destrutivos. Elas frequentemente olham para os lugares e pessoas errados. Você deve fazer tudo que puder para ajudar seu filho a encontrar meios apropriados de obter a aceitação de que ele necessita sem comprometer suas crenças.

86 PROTEJA SEU FILHO DO BULLYING

Muitas das sugestões apresentadas no capítulo anterior não só o ajudarão a proporcionar uma vida doméstica de qualidade para seu filho, como também a promover a aceitação dele, auxiliando-o a se tornar uma pessoa benquista. As seguintes estratégias adicionais podem também ajudar seu filho a desenvolver amizades sólidas e duradouras.

Crianças que têm pelo menos um bom amigo são menos propensas a sofrer bullying ou o enfrentam por menor período de tempo.[1] Isso é ainda mais verdadeiro quando um bom amigo os defende. Com pelo menos um bom amigo, seu filho será mais capaz de lidar com qualquer tipo de intimidação que venha a enfrentar. O amigo dele provavelmente estará por perto para testemunhar a agressão e será capaz de apoiá-lo.

Ensine a ele boas maneiras e habilidades sociais. Isso vai ajudar a promover sua aceitação. Quando uma criança não tem boas maneiras ou habilidades sociais, os agressores notam e procuram testá-lo, descobrir se ele é alvo fácil para maus-tratos. Essas táticas ajudarão seu filho a estabelecer amizades que lhe transmitam segurança. Examine a seguinte lista de características de potenciais vítimas de bullying. Algumas, como raça e incapacidade, não podem ser modificadas. Mas outras devem ser melhoradas ou, pelo menos, mitigadas.

- É diferente de alguma forma (por exemplo, tem alguma incapacidade, orelhas grandes, nariz de formato incomum, sobrepeso ou é de religião ou cultura diferente, menor ou mais fraco que os colegas, tem algum dom).

- É desajeitado, sem coordenação e ruim nos esportes.

- Tem maneiras e habilidades sociais deficientes.

- Não tem boa higiene; usa roupas sujas ou de tamanho inadequado.

- Provoca, incomoda e irrita os outros; faz brincadeiras de mau gosto e não sabe quando parar.

- É agressivo, tímido, quieto, acanhado ou excessivamente sensível.

- É hesitante, carente e inseguro.

Promover a aceitação de seu filho **87**

- Tem pouca ou nenhuma habilidade de persuasão.
- Tem pouca ou nenhuma autoconfiança e autoestima.
- É irritável, intrometido, agressivo, de temperamento explosivo.
- Não tem senso de humor ou tem senso de humor inadequado.

Ensine-o a fazer amigos dividindo com ele as seguintes sugestões:

Dicas para fazer e manter amizades

- Diga olá e sorria.
- Seja um bom ouvinte.
- Seja gentil com os outros.
- Diga aos outros sobre seus interesses.
- Seja sincero.
- Seja voluntário e se envolva em atividades de sua comunidade.
- Inscreva-se em clubes e organizações na sua escola e no seu bairro.
- Faça perguntas que demonstrem às pessoas seu interesse por elas.
- Seja cooperativo e não insista em fazer tudo sempre à sua maneira.
- Disponha-se a dividir o que é seu e respeite o que pertence aos outros.

Discuta também os seguintes "exterminadores de amizades" com seus filhos:

Exterminadores de amizade

- Exibir-se.
- Xingar.

- Ser autoritário.

- Provocar.

- Zombar dos outros.

- Ser obstinado.

- Espalhar fofocas e mentiras.

- Roubar.

- Ser mal-educado.

- Ignorar as pessoas.

- Excluir as pessoas.

- Trair os amigos.

- Bater.

- Beliscar.

- Empurrar.

- Envergonhar as pessoas.

- Induzi-las a fazer coisas que não querem ou que não devem fazer.

Ensine a ele que, às vezes, as amizades simplesmente não dão certo. Às vezes você encontra um amigo para a vida inteira; outras vezes, tem um amigo por apenas alguns dias. Se seu filho tenta em vão ser amigo de alguém, console-o, explicando que ele não deve encarar a situação como ofensa pessoal. Talvez seja simplesmente assim. Mostre-lhe como encontrar bons amigos e divida com ele os seguintes "Facilitadores de amizade", uma lista das características de um bom amigo.

Um bom amigo

- Está sempre lá para você.

- É alguém que o escuta.

Promover a aceitação de seu filho   89

- Gosta de você pelo que você é.
- É alguém em quem você pode confiar.
- É justo e sincero.
- Incentiva você a dar melhor de si.
- É compreensível.
- Sabe dividir.
- Respeita sua propriedade.
- Defende você.
- Não tenta convencê-lo a fazer coisas que não deve.

Livre-se de quaisquer camisetas ou roupas de seu filho que possam causar atrito na escola ou no bairro. Especialmente as peças com palavras e símbolos apelativos. Não é incomum que as crianças comprem essas roupas e as escondam. Às vezes saem vestindo esses itens sob outras peças de roupa; uma vez no ônibus, despem a camada externa para exibir essas mensagens.

Certifique-se de que os trajes de seu filho não estejam ultrapassados ou muito pequenos. Se não puder comprar roupas novas, muitos sistemas educacionais e comunidades contam com organizações que fazem doações. Você não deve sentir vergonha por pedir assistência.

Ensine seu filho a não se limitar apenas a brincar com as crianças mais populares, e a entrar em um grupo sendo cooperativo, e não somente autoritário. Diga a seu filho para não invadir, mas entrar gradualmente em um grupo e limitar-se a ouvir, até chegar o momento de dizer alguma coisa. Diga a ele para não insistir, tentando convencer o grupo a fazer o que ele quer.

Aponte diretamente as semelhanças positivas entre seu filho e outras crianças. A palavra-chave aqui é "positivo". É bom saber que você tem em comum com outras pessoas uma característica positiva. Às vezes essa similaridade ajuda a criança a fazer amigos.

Se seu filho tem alguma incapacidade, informe-o sobre a causa e a natureza dela, de modo que ele possa falar sobre isso abertamente

90 PROTEJA SEU FILHO DO BULLYING

e de maneira inteligente. Quando seu filho aceitar a própria deficiência, os outros se sentirão mais confortáveis e a aceitarão também.

Ajude-o a ter expectativas positivas em relação a si e à capacidade de fazer amigos. Peça-lhe que se imagine num bom relacionamento com outras pessoas. Crianças com essas expectativas têm maior probabilidade de adotar comportamentos que promovam sua aceitação. Suas interações com os outros são mais positivas.

Recompense-o por tratar outras pessoas como ele quer ser tratado. Isso reforça sua conduta positiva. O incentivo de comportamentos desejáveis é mais eficiente que punir um comportamento impróprio. É claro que ambos são importantes. Estabeleça um equilíbrio.

Use fotografias de forma efetiva. Quando vir seu filho interagindo de maneira apropriada com alguém, tire uma foto e dê uma cópia a ele e outra à criança em questão. Psicólogos afirmam que essa estratégia pode ajudar uma pessoa a se sentir aceita pelos indivíduos na foto.

Como foi mencionado no Capítulo 4, auxiliar a criança a desenvolver seus interesses, aprender um novo hobby ou desenvolver uma habilidade, como pintar, desenhar ou tocar um instrumento, vai ajudá-lo a se sentir bem com relação a si mesmo. Isso também facilita amizades com outros indivíduos que compartilhem de seus interesses ou respeitem essa vocação. Crianças que têm interesses e habilidades têm maior probabilidade de ser aceitas pelas outras.

Se você tem um hobby ou uma habilidade especial, apresente-a na escola de seu filho. Atue como voluntário, assumindo responsabilidades que as crianças valorizam, como ser o coordenador de entretenimento da turma. Isso pode conquistar algum prestígio social para seu filho. O que as crianças pensam sobre os pais às vezes é transmitido aos filhos. É claro, isso significa que você também pode atrair atenção indesejada para seu filho, por isso seja sensível ao tipo de reação que está provocando nas outras crianças.

Aprenda o máximo possível sobre seu filho. Esse pode parecer um pedido estranho para se fazer a um pai, mas você pode se surpreender com o que ainda não sabe sobre ele. Quanto mais souber, mais demonstrará interesse e preocupação com o que é importante

Promover a aceitação de seu filho   91

para seu filho. Isso tornará você mais apto a conversar sobre o que acontece na vida dele. Peça a ele para terminar as afirmações que você selecionar na lista. É possível que nem todas sejam apropriadas a seu filho, e talvez você queira adicionar as próprias afirmações à lista.

Meus favoritos

- Meu programa de tevê favorito é...
- Meu lugar favorito para ir é...
- Minha atividade favorita no tempo livre é...
- O que MAIS gosto na escola é...
- O que MENOS gosto na escola é...
- Meu atleta favorito é...
- Minha estação de rádio favorita é...
- Minha comida predileta é...
- Meu restaurante favorito é...
- Gosto de pessoas que...
- Não gosto quando as pessoas...
- Minha revista preferida é...
- Meu livro favorito é...
- Meu filme predileto é...
- Meu web site preferido é...
- A cor de que mais gosto é...
- Minha música favorita é...
- Quando eu crescer, quero ser...
- Meu jogo predileto é...

- Minha maior esperança é...
- Minha maior preocupação é...
- Fico mais feliz quando...
- Se eu pudesse ir a qualquer lugar no mundo, eu iria para...
- Meu estilo musical preferido é...
- O cantor ou a banda de que mais gosto é...
- Meu ator ou atriz favorito é...
- A pessoa que mais admiro é...

MENSAGENS-CHAVE

- Crianças que têm pelo menos um bom amigo são menos propensas a sofrer bullying ou o enfrentam por um período de tempo menor.
- Ensine a seu filho boas maneiras e habilidades sociais.
- Mostre a ele como fazer amigos.
- Incentive-o a conhecer amigos e companheiros diferentes e não desejar apenas brincar com as crianças mais populares.
- Ajude-o a ter expectativas positivas com relação à sua aceitação e à habilidade de fazer amigos.
- Recompense seu filho por tratar os outros como ele quer ser tratado.
- Saiba do que seu filho gosta e do que ele não gosta.

6

Como ajudar seu filho quando ele é vítima de bullying

Caro Dr. Beane:

Nosso filho é vítima de bullying e entro em contato para obter sua opinião. Disse a meu filho e à minha esposa que ele deve se defender sozinho e enfrentar as agressões. Para minha esposa, esse não é um bom conselho. Discordamos sobre esse assunto. Qual é a sua opinião? Conhece alguma pesquisa que prove que enfrentar o agressor aumenta a autoestima? Estamos preocupados com ele e tememos que ele possa se prejudicar. Acredito que minha recomendação é a melhor, porque o faria sentir-se melhor sobre si mesmo.

A opinião da pessoa que me enviou esse e-mail não é incomum. Como mencionei no prefácio deste livro, quando meu filho Curtis estava no sétimo ano, ele foi vítima de bullying e nós o orientamos a enfrentar a intimidação. Sei como é ter um filho persistentemente maltratado e não saber o que dizer a ele. Eu não sabia o que fazer. Por alguma estranha razão, lidei com a situação como se fosse um problema apenas dele. No início, sugeri que ignorasse o agressor. Ele tentou fazê-lo por várias semanas, mas não deu certo. Um dia, o orientador da escola me chamou e disse que Curtis estava emocionalmente devastado e que eu precisava levá-lo para casa. Quando conversamos, eu vi as lágrimas e o profundo sofrimento estampado em seu rosto. Não sabia como orientá-lo. Só sabia que a intimidação tinha de parar.

94 PROTEJA SEU FILHO DO BULLYING

Sugeri que ele brigasse — que revidasse. Também disse a Curtis que precisava ganhar essa luta. No dia seguinte, o intimidador começou a agredir meu filho. Ele reagiu e ganhou a briga. Porém, a retaliação conquistou a antipatia de vários outros garotos. Mais tarde, minha esposa e eu descobrimos que nosso filho se sentara sozinho no refeitório por semanas. Nós o transferimos para uma escola maior em um diferente sistema de ensino — no meio do sétimo ano. Ele encontrou aceitação e se sentiu inserido nessa nova escola.

Aos 15 anos, meu filho sofreu um acidente de automóvel. Ele perdeu dois dedos e um terço da mão direita. Os outros dedos tiveram de ser reconstruídos. Vários meses mais tarde, ele retornou ao colégio. Houve uma tremenda enxurrada de amor por parte de alguns. Porém, um número incrível de alunos foi cruel com ele. Esse tratamento maldoso teve efeitos devastadores, inclusive em sua vida adulta. Aos 23 anos, Curtis recebeu um diagnóstico de estresse pós-traumático, em função do acidente e dos persistentes maus-tratos: ele sofria de depressão e tinha problemas de ansiedade. Ele nos visitou e disse que não saíra de seu quarto por três dias. Pediu para orarmos por ele. Nós oramos e o levamos ao médico. Algumas semanas mais tarde, ele telefonou para mim e disse: "Pai, encontrei novos amigos, mas eles fazem coisas com as quais não concordo." Curtis procurou amizades com as pessoas erradas. Em determinada noite, ele fez uso de uma droga ilícita, e isso o matou. Ele tinha um problema cardíaco que desconhecíamos. Curtis não cometeu suicídio. Ele estava com as chaves do carro na mão e tentou sair para pedir ajuda.

As experiências de vida de meu filho me levaram a buscar maneiras de ajudar outras crianças que sofrem com o bullying, e também a seus pais. Depois de muita pesquisa sobre as agressões, desenvolvi o Programa Bullying Free, que foi adotado por escolas de várias regiões dos Estados Unidos. Falo para milhares de estudantes e pais sobre bullying todos os meses e treino funcionários de escolas para implementar nosso programa.

Foi errado dizer a meu filho para ignorar a intimidação, assim como dizer a ele para revidar. Agora sei disso. Espero que você lide com essa situação melhor do que eu. Gostaria de ter em mãos as informações contidas neste livro antes de meu filho sofrer com a agressão.

Agora sei como prevenir e deter o bullying. Não posso mais ajudar meu filho, mas posso auxiliar você a cuidar do seu.

Por onde começar

Primeiro, certifique-se de que você pode ajudar seu filho. Quando descobrir que ele é vítima de agressão, há muito que considerar. Há procedimentos que você pode adotar em casa e outros que pode realizar com a colaboração dos professores e da escola de seu filho. Pode até haver momentos em que você terá de acionar a polícia. Mas o melhor é conversar diretamente com ele sobre o que está acontecendo.

Sinta-se grato por ter conhecimento sobre as agressões. As crianças normalmente não contam nada aos pais. Se seu filho já falou sobre o problema, elogie-o por ter contado e pedido ajuda. Isso irá incentivá-lo a manter abertas as linhas de comunicação. A falta de diálogo é um dos maiores obstáculos para a prevenção e a interrupção do bullying. Quanto mais tempo você passar discutindo os maus-tratos com seu filho, mais fácil será para ele falar sobre o assunto. Tome cuidado para não rotulá-lo como vítima. Com minha formação em educação especial, aprendi a não apreciar rótulos. Devemos simplesmente identificar os pontos fortes e problemas da criança, e tratar deles. Se acharmos que crianças são vítimas, elas podem tentar se comportar como tal.

Esteja preparado para o caso de seu filho solicitar que você não se envolva, especialmente se for adolescente. Ele pode se sentir envergonhado com seu envolvimento ou temer que você torne o bullying ainda pior. Isso dificulta as coisas para você. Não se envolver pode significar que a intimidação continuará por algum tempo. Confie em seu julgamento e no de seu filho. Se decidir não se envolver, mantenha-se alerta e observe os sinais de que a situação está começando a afetar seriamente seu filho. Pode haver um momento em que você tenha de interferir. Quando chegar a hora, diga-lhe que fará o possível para ajudá-lo, sem envergonhá-lo ou piorar a situação. Explique

que você o ama demais para ficar parado enquanto ele sofre, enquanto é magoado e amedrontado pela crueldade alheia.

Mantenha a calma mesmo quando estiver preocupado. Tente não demonstrar que está perturbado ou furioso, ainda que esteja. Quando você tem uma reação emocional, pode tornar o problema pior, despertando em seu filho o receio de que você não possa lidar com a situação de maneira apropriada. Isso significa que terá de permanecer atento a suas expressões faciais e outros sinais não verbais, bem como ao tom de voz. É natural querer culpar alguém, mas é melhor não se precipitar. Se sua primeira resposta é culpar alguém, você pode não ouvir tão bem quanto deveria. Espere até seu filho divulgar todos os detalhes da história completa.

Se seu filho diz, "Ninguém gosta de mim na escola", não discorde simplesmente, mesmo que acredite que isso o fará se sentir melhor. Caso discorde de seu filho muito rapidamente, ele pode sentir que você não é capaz de ajudá-lo. E pode decidir esconder seus sentimentos. Mostre-se sensível ao fato de que seu filho pode estar constrangido e envergonhado. É difícil admitir que ninguém gosta dele e que não é capaz de lidar sozinho com essa situação. Atente também para suas ansiedades e medos. Eles são reais e dificultam sua ida à escola e seu sentimento de segurança. Esses sentimentos podem ser intensos, a ponto de interferirem no aprendizado, no desenvolvimento social e na saúde física e emocional.

Não fique constrangido. Imagino que essa recomendação pareça estranha a você. Infelizmente, alguns pais reagem assim, quando seus filhos têm problemas de aceitação ou não se defendem sozinhos.

Por menor que possa parecer o problema, considere-o com seriedade. O que você julga pouco importante pode ser devastador para seu filho. Ouvir cuidadosamente também irá ajudá-lo a descobrir eventos mais severos de bullying na vida de seu filho.

Descubra o que aconteceu

Seja cuidadoso ao pedir a seu filho para descrever a agressão. Evite fazer afirmações com "você"; seu filho pode se sentir atacado.

Mantenha em mente também que nem todo momento é bom para conversar. Quando o tempo parecer apropriado, pergunte a ele sobre os maus-tratos que tem sofrido. Ouça sua descrição, sem interrompê-lo. Não sufoque a criança com perguntas; tente obter respostas a algumas das seguintes questões:

Perguntas para fazer a seu filho

- Quem estava envolvido?

- Quem fez e disse o que a seu filho?

- O que aconteceu ou costuma acontecer imediatamente antes do bullying?

- Quais eram os espectadores e o que eles disseram ou fizeram?

- Quando ocorreu?

- Onde?

- Havia alguma supervisão adulta?

- Há câmeras de vídeo no local para registrar as atividades?

- Como seu filho reagiu?

- O que aconteceu ou costuma acontecer depois da agressão?

- Quem foi informado sobre o bullying e o que fizeram (se fizeram algo)?

- Há quanto tempo isso vem ocorrendo?

Evite ter uma reação intensa aos comentários de seu filho. Depois de ouvir, faça perguntas para preencher as lacunas de informação, mas não o interrogue. Não o sobrecarregue emocionalmente formulando muitas perguntas imediatamente. Enquanto escuta, você pode descobrir por que ele está sendo maltratado. Caso contrário, espere o momento certo para perguntar por que ele acha que o bullying acontece. Se perguntar cedo demais, seu filho pode não revelar tudo

98 PROTEJA SEU FILHO DO BULLYING

ou até não dizer a verdade. Sim, até as crianças boas mentem para os pais. É importante ter os fatos relacionados ao que aconteceu. Às vezes, as crianças omitem informações críticas que afetam nossa compreensão sobre o que aconteceu. Mantenha em mente que "Por que você fez...?" e perguntas relacionadas raramente funcionam com alguém, inclusive com adultos. Seu filho pode nem saber por que está sendo maltratado, por isso não o pressione para obter motivos.

Descubra o que outros pais e alunos sabem sobre a agressão ou os agressores. Quando conversar com eles, não mencione o bullying; apenas procure obter informações de modo informal. Não critique o(s) intimidador(es).

Manifeste para seu filho a confiança de que você, os adultos na escola e ele conseguirão encontrar uma solução. Explique que há várias ações a serem adotadas, algumas imediatamente, outras não, pois demandam mais tempo para ser implementadas.

Diário e registros

Mantenha um registro (escrito) dos eventos do bullying, abordando tantas questões listadas anteriormente quanto for possível. Isso facilitará a verificação dos fatos enquanto obtém mais informações. O registro também eliminará a necessidade de lembrar todos os detalhes de cada episódio, inclusive peça a seu filho para escrever em um diário ou caderno os pensamentos e sentimentos relacionados ao que aconteceu. Peça sua permissão para ler o que foi escrito. Isso o ajudará a trabalhar as emoções e os pensamentos relacionados aos maus-tratos. Você pode, então, comparar as anotações com as conversas que teve com ele e as informações que obteve por meio de terceiros.

Discutir por que o bullying acontece

Discutimos essa questão em outros capítulos, mas ela merece ser repetida aqui. Certifique-se de que seu filho entende que ninguém merece ser intimidado ou maltratado e que os agressores prejudicam muitas pessoas, não só a ele. Embora ele possivelmente já saiba disso, é bom ouvir sua afirmação. Explique que crianças maltratam outras pessoas por muitas razões, entre elas:

Como ajudar seu filho quando ele é vítima de bullying   99

- Podem estar zangados porque têm problemas pessoais.

- Podem sofrer maus-tratos por outras pessoas.

- Ter um autocontrole fraco.

- Ou aprenderam que machucar os outros é uma boa maneira de se sentirem poderosos e no controle.

- Seus pais serviram de modelo para agressão e formas impróprias de expressar sentimentos.

- Querem ser o número um — populares.

Explique que alguns bullies procuram provocar certas reações. Por exemplo, chorar e ficar perturbado pode servir apenas para estimular o valentão. É melhor que o agressor não saiba que atingiu seu filho ou o perturbou.

Informe a ele que é normal sentir dor, medo e raiva. É especialmente importante não diminuir a importância do medo. Discuta a relevância de expressar sentimentos, e não sufocá-los. Quando os sentimentos são guardados dentro de nós, podem nos prejudicar ainda mais e até nos fazer adoecer. Porém, é importante que ele saiba expressar seus sentimentos de maneira apropriada. Explique que você vai mostrar as melhores maneiras de externar as emoções, como escrever histórias, poesia e canções, ou por dança, arte e música. Atividade física também pode ajudá-lo a trabalhar seus sentimentos.

Cheryl Dellasega e Charissee Nixon, autoras de *Girls Wars*, recomendam auxiliar seu filho a desenvolver mecanismos de ação que não envolvam outras pessoas, como ouvir música, fazer exercícios físicos e manter um diário.[1] Essas atividades vão ensiná-lo a canalizar algumas frustrações e energias negativas.

Monitore as conversas de seu filho pelo computador e pelo telefone. É positivo que a criança compartilhe sua experiência com outros colegas, mas aqueles que sofrem agressão várias vezes pelo telefone e pelo computador são mais propensos a buscar vingança.[2]

Lidar com os pais de um agressor

Evite ser precipitado, não telefone imediatamente para os pais do agressor. Use sua intuição quanto a procurá-los. Se você os conhece bem, pode preferir falar com eles. Muitos dos relatos que recebi de pais indicam que não é aconselhável telefonar para os pais do intimidador, a menos que tenha *certeza* de que eles vão acreditar em você e vão tentar cuidar do problema de uma forma que não piore a situação. Porém, não presuma que os pais do agressor não sabem educar. Muitos pais já têm conhecimento do comportamento dos filhos e estão extremamente preocupados com isso.

Se você decidir procurá-los, não aja enquanto estiver aborrecido ou alterado. Tente usar uma voz calma e suave. Durante a conversa, no momento em que achar melhor, expresse sua vontade de trabalhar com eles para encontrar uma maneira de aproximar as crianças e acabar com o problema. Em algum ponto, diga a eles que, se seu filho estivesse maltratando alguém, você gostaria de saber. Acrescente que, caso eles achem que seu filho contribui de alguma forma para o problema, você quer ser informado. Não culpe os pais do agressor — eles não fizeram nada com seu filho.

Se falar com eles, demonstre que seu objetivo é obter ajuda, não condenar o filho deles ou provocar uma punição. Foque o comportamento da criança, e não sua personalidade ou caráter. Além disso, não exagere no relato do que está acontecendo com seu filho. É possível que lhe perguntem o que de fato aconteceu e se há alguma comprovação da agressão. Pode ser que eles já tenham versões diferentes sobre o fato. Refira-se a suas anotações e tente não discutir, se houver discrepâncias. Desavenças com os pais só vão agravar o bullying e seu filho sofrerá as consequências.

Inicialmente, você pode dizer alguma palavra que não seja ameaçadora, como, "Oi, Susan. Soube que está havendo algum conflito entre nossos filhos. Não acredito que devemos superprotegê-los, e acho que eles precisam aprender a resolver os próprios problemas, mas isso me parece um pouco sério para justificar uma conversa entre nós. Acho que assim poderemos ajudá-los. Soube que Bob tem zombado de John por causa de suas orelhas grandes, e isso acontece todos os dias. Sei que você não aprovaria esse tipo de atitude, por isso decidi procurar você."

Dependendo da idade das crianças e do tempo de amizade, considere conversar com o pai sobre a possibilidade de promover um encontro entre as crianças para resolver o impasse. Esse tipo de reunião nem sempre é eficiente. Se os pais não concordam com essa ideia e a intimidação ocorre na escola, reporte os fatos à escola. Se você decidir promover uma reunião, converse antes com seu filho sobre o que será abordado. Os pais das duas crianças devem estar presentes, e ao final, certifique-se de que o agressor assumirá o compromisso de parar com esse tipo de comportamento. Caso seu filho esteja provocando-o, faça-o assumir um compromisso verbal de que vai parar com os insultos.

Você pode deparar com pais receptivos ou eles podem se negar a acreditar que o filho esteja maltratando outras crianças. É natural que queiramos defender nossos filhos. Quando ouvem algum questionamento relacionado ao comportamento do filho, os pais às vezes sentem que sua competência está sendo questionada ou encaram o questionamento como uma acusação, uma afirmação de que, de alguma maneira, fracassaram. Os pais oferecem todo tipo de desculpa para racionalizar o comportamento dos filhos. Por exemplo, não é incomum ouvi-los dizer: "Bem, tenho certeza de que ele não teve a intenção de prejudicar ninguém com isso", ou "Ele ainda é pequeno, não entende o que está dizendo. Vai aprender quando ficar mais velho", ou "Ah! Mas as outras crianças estão sempre fazendo a mesma coisa. Tenho certeza de que não é nada com que se preocupar", e "Não, não acredito que meu filho faria tal coisa".

Como seu filho deve responder

Não oriente seu filho a se vingar. Até as crianças sabem que a recomendação dos pais para "reagir" não é a resposta, como observou um menino de 10 anos:

102 PROTEJA SEU FILHO DO BULLYING

> *Quando eu era atormentado na escola, meu pai me contou que, quando ele era garoto, se alguém batesse nele, ele simplesmente revidava com muita força, e tantas vezes que os outros o deixavam em paz. Ele disse que eu tinha de enfrentar isso sozinho e a melhor maneira de reagir era com os punhos. Não acho que deva machucar alguém só porque me machucaram. Depois de meu pai ter me dado esses conselhos, nunca mais contei a ele o que acontecia na escola. Eu nunca poderia bater no agressor. Quando meu pai perguntava como estavam as coisas, eu simplesmente lhe respondia que estava tudo bem.*

Há varias razões para não dizer a seu filho que ele deve se vingar. Sugerir vingança ensina a seu filho que a violência é a solução para lidar com a violência. Em muitos casos, o revide só torna a intimidação pior e mais prolongada. Você também corre o risco de que seu filho ou o intimidador se machuque de verdade. Ele pode tentar encontrar um meio de equilibrar a diferença de forças, porque o agressor é maior, mais forte e mais cruel que ele. Para isso, seu filho pode usar uma arma ou surpreender o intimidador com um empurrão de graves consequências, na intenção de machucá-lo ou até mesmo matá-lo. Quando você diz a seu filho para agredir também, está dizendo a ele que está sozinho nessa luta. Não é assim que deve ser; os adultos precisam se envolver.

Não diga a ele para ignorar o agressor. Isso normalmente não funciona, porque, quando as vítimas agem desse modo, elas são silenciosas e frequentemente parecem feridas, o que prolonga o bullying. O agressor normalmente só se esforça mais para feri-las, dizendo ofensas mais cruéis e se tornando mais violento em seus ataques. Além disso, se essa abordagem não funcionar, é possível que seu filho não volte a procurá-lo quando precisar de ajuda. Se você disser a seu filho para ignorar o intimidador, peça-lhe que seja por um período curto e que lhe informe sobre a eficiência dessa tática.

Como ajudar seu filho quando ele é vítima de bullying — 103

Mostre a seu filho as seguintes sugestões para lidar com as intimidações e reagir a elas. Encene situações de bullying para ajudá-lo a praticar as estratégias. Outra abordagem é convencê-lo a praticar os truques de assertividade diante de um espelho. Talvez seja necessário exercitar muitas vezes, por dois ou mais dias, especialmente se a criança não tem autoconfiança. Ensaiar as técnicas vai dar a confiança necessária para usá-las. Tenha em mente que nenhuma estratégia funciona em todas as situações para as crianças. Por conhecer melhor seu filho, você é a pessoa mais indicada para ajudá-lo a escolher as táticas que vão funcionar para ele.

Dicas para a vítima de bullying

• Converse de maneira aberta e sincera com seus pais ou com um adulto de confiança sobre os maus-tratos. Se a agressão está ocorrendo na escola, conte a um adulto da instituição. Se quiser, leve um amigo com você, mas faça isso quando o agressor não estiver por perto. Se não puder contar pessoalmente a alguém sobre o bullying e sobre como sente-se a respeito, escreva um bilhete para essa pessoa, explicando o que aconteceu. Você também pode pedir para ela guardar segredo sobre sua identidade.

• Não fique contrariado caso seus pais ou outros adultos aumentem a supervisão de suas atividades. Sinta-se grato por ter quem se importe com você.

• Não revide. Não reaja. A vingança normalmente torna a intimidação pior e mais duradoura. Você também corre o risco de se machucar gravemente ou ferir o agressor e se meter em encrencas com a lei.

• Não tenha medo de falar com seus pais sobre o que você pensa que deve ser feito.

• Perceba que ninguém espera que você lide sozinho com o bullying. Não é um problema exclusivamente seu; pais e outras

104 PROTEJA SEU FILHO DO BULLYING

pessoas devem se envolver. Está comprovado que, quando o problema é compartilhado, a agressão pode ser reduzida e interrompida.

- Se possível, fique tranquilo e não deixe o intimidador perceber que o incomoda. É isso que ele quer: perturbá-lo. Imagine-se cercado por um escudo mágico antibullying. Isso pode ajudá-lo a manter a calma. Mantenha um objeto em seu bolso — uma pedra lisa, por exemplo — que você possa tocar quando sentir medo, raiva ou revolta. Isso o ajudará a pensar antes de dizer ou fazer alguma coisa que possa causar mais conflitos.

- Tenha em mente que ninguém merece ser maltratado. Os agressores precisam sentir que têm poder e controle sobre os outros, e sentem um forte desejo de machucar outras pessoas. Às vezes, também se sentem mal com isso, mas nem sempre. Às vezes, os agressores recebem o mesmo tratamento em casa de seus pais ou irmãos, e estão tão determinados a não sofrer intimidação na escola que preferem maltratar os outros.

- Evite o agressor o máximo possível, especialmente nos lugares em que você sabe que ele costuma estar ou onde não há muita supervisão de adultos. Se não for possível evitá-lo, pelo menos tente se manter longe dele. Dê espaço ao agressor.

- Tente não ficar sozinho. Permaneça na companhia de seus amigos ou de adultos. Quando vir o agressor caminhando em sua direção, aproxime-se de alguém e comece a conversar, ou misture-se a uma multidão.

- Se você está sofrendo maus-tratos quando vai ou volta da escola a pé, ou dentro do ônibus escolar, conte a seus pais e peça a eles para levá-lo ou providenciar carona. Seus pais também podem solicitar supervisão de um adulto no interior do ônibus ou transferi-lo de condução. Sente-se perto do motorista ou junto a alguém. Se for a pé, mude o caminho, mas antes se certifique de que essa nova rota é segura.

- Caso seja maltratado no refeitório, não sente perto dos valentões: vá com um amigo a outro lugar. Se não for permitido

Como ajudar seu filho quando ele é vítima de bullying **105**

mudar de lugar, converse com o supervisor do refeitório para explicar a situação. Se ele não puder ajudar, peça a seus pais para conversar com alguém na direção, para explicar por que você não quer se sentar naquele lugar.

- Tome cuidado ao fornecer o número de seu telefone e seu endereço de e-mail. Se você está sofrendo bullying por meio de equipamentos eletrônicos, como celular ou internet, conte a seus pais. Eles podem delatar os cyberbullies à polícia. Assédio e mensagens ameaçadoras são ilegais. Se possível, imprima as mensagens e não responda a elas. Se estiver em uma sala de bate-papo e alguém começar a destratá-lo, ignore. Anote o apelido dessa pessoa e conte a seus pais.

- Pratique para não parecer um "alvo fácil". Os intimidadores sempre procuram suas vítimas entre os que parecem ser alvos fáceis, por serem pequenos, fisicamente mais fracos, gentis ou sensíveis que o agressor. Verifique sua linguagem corporal. Eles procuram por pessoas que pareçam tristes, andem inclinadas, evitem contato visual, sempre agitadas; que prefiram ficar sozinhas, choram com facilidade e não se defendem. Olhe, caminhe e fale como uma pessoa confiante. Pareça forte, tanto no aspecto físico quanto no emocional. Mantenha-se ereto, com a cabeça erguida, os ombros abertos, olhe nos olhos do intimidador (não para o chão ou qualquer outro lugar), use voz firme e mantenha a calma. Se você fizer um comentário assertivo direcionado ao valentão, afaste-se, caminhando com confiança. Não fique próximo a ele por mais tempo que o necessário. Se você não está por perto, não pode ser atacado.

- Não deixe aqueles que o atormentam fazê-lo sentir-se mal. Não diga a si mesmo coisas como "sou feio", "sou burro" ou "não consigo fazer nada direito". Quando o agressor diz algo ruim sobre você, diga algo positivo — lembre-se de suas características positivas. Se isso é difícil, peça a um adulto para ajudá-lo a fazer uma lista de características positivas. Às vezes os outros enxergam em nós qualidades que não vemos. Se quiser, conte a eles por que precisa de ajuda. Mantenha sempre consigo uma lista de suas características positivas.

- Se você precisa interagir com o agressor, seja assertivo aproximando-se dele, mas não mais do que o comprimento de um braço. Mantenha uma distância segura. Você deve se virar de lado, relaxar mãos e braços, posicionando-os nas laterais do corpo, para que não pensem que você está disposto a brigar. Fique com os pés separados, mais ou menos na largura dos ombros, para garantir um bom equilíbrio. Com essa postura, você está preparado para se afastar ou até correr, caso tenha de se proteger.

- Em resposta à intimidação, não discuta nem se envolva em discussões ruidosas. Faça uma afirmação firme, dizendo-lhe como se sente, por que acha que se encontra assim e o que quer que ele faça. Pratique e aprenda a falar com voz confiante e determinada. Por exemplo, "Eu fico zangado quando você me xinga, porque tenho um nome. Quero que me chame pelo meu nome: Allan". Diga isso com confiança enquanto olha nos olhos dele, depois se afaste tranquilamente. Se você não está por perto, não pode ser maltratado.

- Deixe o intimidador saber que você não é uma "presa" fácil. Permaneça calmo e diga com determinação: "Pare com isso! Me deixe em paz." Ou: "Não! Você não pode ficar com a minha caneta. Preciso dela." Depois, saia. Se você não está por perto, não pode ser maltratado.

- O valentão quer ferir seus sentimentos. Então, aja como se nada disso o ferisse. Não o recompense com suas lágrimas. Conserve uma expressão neutra. Você também pode desapontá-lo admitindo que ele está certo. Por exemplo, quando o intimidador chamar você de "gordo", olhe nos olhos dele e responda com tom calmo: "Sabe, estou mesmo acima do peso. Preciso começar a me exercitar." Depois se afaste com confiança. Se você não está por perto, não pode ser maltratado.

Como ajudar seu filho quando ele é vítima de bullying   **107**

- Faça do comentário do valentão um elogio. Por exemplo, um garoto debochou de outro que teve câncer e perdeu todos os cabelos por causa do tratamento. Ele o chamou de "bola de boliche". E o menino respondeu: "Acho que Michael Jordan e eu temos algo em comum."

- Desarme-o com humor. Isso não significa que você deve rir dele. Não ridicularize o agressor com seu senso de humor. Se o fizer, ele pode pensar que você está zombando dele. Apenas sorria e se afaste, ou diga alguma coisa sobre si mesmo que se relacione com algo que ele disse. Por exemplo, se ele debocha de suas orelhas, você pode dizer: "Tem razão, minhas orelhas se destacam como as portas abertas de um carro." O intimidador pode achar graça no que você disse e desistir de provocá-lo. Além disso, indivíduos com senso de humor vivem melhor que aqueles que se deixam aborrecer por provocações. Ter senso de humor pode fazer uma tentativa de intimidação desaparecer. Porém, use seu julgamento para saber o que é melhor.

- Esgote o tópico fazendo várias perguntas ao agressor. Por exemplo, uma garota sofreu gozações por estar acima do peso. Disseram que ela era "gorda". Então, ela perguntou: "O que quer dizer com gorda?" "Quantos quilos é preciso ter para ser gorda?" "Quantas pessoas gordas você conhece?" Então, se cansaram de tantas perguntas e a deixaram em paz.

- Em resposta aos comentários do agressor, diga continuamente: "E daí?" É espantoso o poder dessa frase. Porém, não a repita até deixá-lo zangado. Use o bom senso para saber quando é hora de parar e afaste-se com confiança.

- Responda às provocações e aos xingamentos com uma questão não defensiva: "Por que está dizendo isso?" ou "Por que você quereria dizer...?"

- Gritar pode ser eficiente. Grite exatamente o que quer que o intimidador pare de fazer. Porém, deve ser um grito firme e assertivo, não uma expressão de dor ou impotência. Por exemplo,

108 PROTEJA SEU FILHO DO BULLYING

você pode gritar "Pare de me bater!", em vez de "Deixe-me em paz". Isso vai chamar a atenção para a situação e para o que está acontecendo exatamente.

• Seja gentil com o agressor. Sua bondade pode surpreendê-lo ou confundi-lo. Se você tiver sorte, isso o fará sentir vergonha de maltratar você e o incentivará a mudar a maneira de lidar com as pessoas.

• Elogie o valentão. Por exemplo, se ele diz que você é baixinho, responda: "Eu sei... Gostaria de ser alto como você". Isso pode surpreendê-lo e desarmá-lo.

• Tente distrair o bully, começando uma conversa sobre qualquer assunto que ele goste de discutir. Por exemplo, você pode perguntar, "Ei, viu o jogo da seleção ontem à noite? Viu aquele gol aos 45 do segundo tempo?"

• Escreva tudo o que os agressores disseram a você. Abaixo de cada afirmação, anote respostas assertivas ou ações (ou ambas) que podem fazê-los interromper os comentários. Isso vai prepará-lo para a próxima vez em que for maltratado.

• Depois rasgue o papel, em pedaços pequenos, como se fossem insignificantes e não fizessem mais parte de seu passado.

• Lembre-se: você é poderoso. É poderoso porque é capaz de fazer uma escolha. Pode deixar o valentão incomodá-lo ou pode optar por não se aborrecer. Você não precisa abrir mão do seu poder de escolha. Só porque escolheu não se deixar incomodar não quer dizer que escolheu permitir que isso continue. Conte a um adulto sobre o que está acontecendo.

• Use seu melhor critério e siga seus instintos. Por exemplo, se o intimidador quer seu dever de casa e você acha que ele está se preparando para agredir você, entregue o trabalho, depois se afaste com confiança e aja como se ele não o houvesse atingido. Sua segurança é mais importante que seus bens. Não esqueça de contar a um adulto sobre o ocorrido.

Como ajudar seu filho quando ele é vítima de bullying   109

- Conte sobre o bullying a seus amigos maiores e mais fortes. Quando encontrá-lo sozinho, leve seus amigos com você e diga a ele para deixá-lo em paz. Não comece uma briga, mas seja firme.

- Tente não levar muito dinheiro ou objetos de valor para a escola ou lugares do bairro onde encontrará o intimidador. Se ele ameaçar tomar seu dinheiro ou algum pertence, dê-lhe tudo e conte a seus pais ou a outro adulto de confiança. Você pode pedir que seu nome seja mantido em sigilo.

- Rotule os objetos que leva para a escola com um marcador permanente. O intimidador provavelmente se sentirá menos inclinado a roubá-las.

- Sofrer maus-tratos e abuso pode deixá-lo cansado e doente. Para lidar com o agressor, você precisa se sentir bem por isso, faça muitos exercícios e coma alimentos saudáveis. Certifique-se de dormir o suficiente.

- Não espere ser maltratado. Quando estiver caminhando para um grupo de estudantes, pense que serão gentis com você e tente visualizá-los tratando-o com respeito. Faça o possível para ser simpático com eles. Trate os outros como deseja ser tratado. Visualize-se convivendo bem com outras pessoas.

- Defenda outras vítimas de intimidação e peça a elas para defendê-lo também.

- Tente fazer amizades dentro e fora da escola. Porém, seja cauteloso na hora de escolher seus amigos. Procure pessoas boas, que o apoiem e o incentivem a fazer o que é certo.

- Desenvolva um interesse, hobby ou habilidade que o fará sentir-se bem e que outras crianças considerem legal. Faça o que lhe dá prazer.

- Peça ajuda a seus pais e professores para lidar com seus sentimentos e pensamentos, enfatizando seu medo, dor, solidão, depressão, ansiedade, raiva, ódio, ira e talvez desejo de vingança. Não tente lidar com tudo sozinho. Até os adultos precisam de ajuda para lidar com esses sentimentos e pensamentos.

110 PROTEJA SEU FILHO DO BULLYING

- Dê uma boa olhada em si mesmo. Existe algo que deva ser modificado em sua maneira de agir? Você é agressivo demais? Muito autoritário? É rude e está sempre interrompendo outras pessoas? Peça ajuda a seus pais e professores para desenvolver comportamentos que o tornarão mais aceito. É claro, independentemente de seu comportamento, você não merece ser maltratado. O bullying não é sua culpa. Mas é possível melhorar a situação, mudando alguns hábitos.

- Deixe seus pais o ajudarem a encontrar bons amigos e companheiros para se corresponder por e-mail ou carta.

- Faça amizade com membros mais distantes da família: tios, tias, primos, e assim por diante. Divirta-se e compartilhe suas emoções e pensamentos.

- Peça a seus pais um animal de estimação. Seu animalzinho ficará feliz em sua companhia e terá por você um amor verdadeiro. Ele pode ser um grande amigo.

- Alguns estudantes se juntam aos valentões, mas não são valentões de verdade. Talvez não percebam que o estão magoando. Converse com esses indivíduos e explique como a intimidação o faz sentir. Explique que você entende a aproximação deles ao grupo, mas que teme ser a próxima vítima. Diga-lhes que acredita que são boas pessoas e que gostaria que fossem seus amigos. Você pode se surpreender. Talvez eles peçam desculpas e até passem a defendê-lo, no futuro. É claro, você deve ser seletivo ao abordar esses indivíduos e dizer essas coisas somente para aqueles a quem acredita que realmente se apliquem. Não tente ser amigo de quem não merece sua amizade. Apenas trate-os como deseja ser tratado.

- Se você já tentou várias estratégias antibullying e nada deu certo, converse com seus pais sobre a possibilidade de ser transferido de escola. Às vezes isso ajuda. Às vezes, não.

- Conte a um adulto quando vir alguém sofrendo maus-tratos. Se quiser, leve um amigo com você, mas vá quando o agressor não

Como ajudar seu filho quando ele é vítima de bullying   111

estiver próximo. Se estiver preocupado com a possibilidade de se colocar em risco, escreva um bilhete anônimo e entregue a um adulto. Se não puder contar a seus pais, fale com seus avós, tios — qualquer adulto em quem confie. Relate o que está acontecendo, onde, quando, quem está envolvido e quem são os espectadores.

• Mantenha comunicação aberta com seus pais e os adultos na escola, informando-os sobre os maus-tratos que sofrer.

• Não desista; continue pedindo ajuda. Se a agressão continuar, mantenha um adulto de confiança (de preferência, seus pais) informado e peça sua ajuda. Não se sinta mal por isso.

• Mantenha a esperança. A vida está sempre mudando e ninguém é capaz de prever o futuro. Por pior que possa parecer sua vida agora, haverá paz e felicidade em pouco tempo. Há pessoas à sua volta que se importam e querem ajudá-lo. Confie nelas.

Ajude seu filho a traçar um plano para responder à intimidação em várias situações e locais. Ensine-o a ser firme, mas não agressivo. Ele precisará de uma grande dose de confiança para implementar as estratégias de assertividade apresentadas neste livro. Tente alimentar a autoconfiança de seu filho, expressando sua confiança nele. Ofereça a ele incentivo e esperança, dizendo que o bullying pode ser reduzido e contido. Diga que você é otimista e acredita que a intimidação vai parar, e que ele superará a experiência negativa. Você pode contar a ele a história de várias pessoas famosas e bem-sucedidas que sofreram com o bullying na infância, por exemplo, Tom Cruise, Kevin Costner, Mel Gibson, Harrison Ford, Sandra Bullock, Michelle Pfeiffer e Christina Aguilera.

Não prometa manter o assunto em sigilo, e sim que vai lidar com a situação de maneira a não piorá-la. Diga que você gostaria de trabalhar junto a ele, para descobrir soluções, e conte que foi comprovado que o envolvimento dos adultos pode reduzir e deter a agressão. Convença seu filho de que ele não está sozinho e que ninguém espera que ele resolva tudo sem ajuda.

Discuta o que pode ter provocado o bullying

Considere a possibilidade de seu filho ter inadvertidamente contribuído para ser maltratado. Pergunte a si mesmo: "Meu filho está fazendo alguma coisa que pode incentivar os maus-tratos?" Por exemplo, ele é autoritário, irritante, temperamental, está sempre interrompendo os outros ou é agressivo? Ele tem características comportamentais que dificultam sua aceitação? Ninguém merece ser maltratado, mas, às vezes, a vítima precisa fazer algumas mudanças. Independentemente do comportamento de seu filho, não tolere que outros atribuam a culpa a ele. Trabalhe em conjunto com os professores dele e outros responsáveis para tratar de seu comportamento. Solicite à escola a implementação de um programa que modifique o pensamento, as atitudes e o comportamento daqueles que o cercam.

Avalie o ambiente familiar. Está acontecendo alguma coisa — algo como brigas de casal ou com a criança, divórcio e assim por diante — que possa levá-lo a extravasar a frustração com um comportamento impróprio que contribua para a falta de aceitação entre as outras crianças? Algum irmão o está maltratando? Às vezes, as crianças são maltratadas em casa e extravasam na escola a raiva por meio da agressividade — o que prejudica a aceitação dos colegas. Algumas vítimas na escola são também vítimas em casa.

Pergunte a si mesmo: "Meu filho tem algum atributo físico que o diferencia dos outros?" É triste, mas nossa sociedade ensinou todo mundo a valorizar certas características físicas e desvalorizar outras. De fato, rotulamos alguns biótipos, como nariz grande ou baixa estatura, como "anormais". Essas atitudes são erradas, mas existem. Alguns detalhes físicos podem ser modificados e outros não. Por exemplo, se seu filho tem uma cicatriz que pode ser removida por cirurgia plástica. Porém, você não pode alterar sua estatura. Depois de discutir essa questão com seu filho, determine se existe uma chance de mudar a aparência dele e se ele concorda com isso. Se as mudanças requerem intervenção cirúrgica, escolha o melhor momento e a estratégia menos traumática para sua realização. Por exemplo, se seu filho precisará de curativos depois da cirurgia, talvez seja melhor realizá-la durante as férias.

Trabalhar com a escola

Verifique se a escola tem uma regra contra o bullying que o agressor possa estar violando. Se existir, decida como reportar o incidente. A escola deve lidar com todos os casos de agressão de acordo com a política adotada. Se não existe um plano de reação para esses casos, incentive a administração a desenvolvê-lo. Se a política da escola não é útil, tente convencer os líderes a aprimorá-la.

Quando a intimidação ocorrer em uma classe específica, é melhor conversar com o professor da turma, se você e seu filho se sentirem confortáveis com isso. No caso de seu filho ter mais de um professor, escolha aquele com quem vocês se sentem mais à vontade. Marque uma entrevista por e-mail ou telefonando para a escola. Se você não tem o e-mail do professor, talvez consiga localizá-lo pelo web site da escola ou por intermédio da secretaria do estabelecimento de ensino. Na maioria das vezes, é difícil chegar imediatamente a um professor.

Quando fizer contato, explique brevemente por que deseja encontrá-lo. Se quiser, você pode descrever de maneira resumida o que está acontecendo, quem são os envolvidos, as testemunhas, e depois sugerir que os fatos sejam investigados. Tente não dizer coisas que possam colocá-lo na defensiva. Por exemplo, não demonstre preocupação com a capacidade do professor em controlar os alunos. Sua intenção é colaborar com o professor; por isso, crie um relacionamento profissional com ele. Dê-lhe tempo para se preparar para a reunião.

Não vá à escola no horário de aulas. Os alunos o verão e possivelmente saberão o motivo de sua presença; seu filho pode sofrer deboches por causa disso. Leve um relatório escrito, criado a partir dos registros de agressão. Dessa maneira, o professor receberá a informação específica sobre a natureza e a gravidade do problema, o que forçará a direção escolar a agir. Alguns especialistas recomendam que você leve seu filho à reunião. Faça anotações. Outra ideia é manter um gravador no carro, e registrar imediatamente suas impressões após o encontro. Assim, não perderá qualquer detalhe da conversa ou dos acordos que foram feitos.

114 PROTEJA SEU FILHO DO BULLYING

Avalie a situação de seu filho e o que você descobriu em sua investigação. Não exagere. Discuta quem está envolvido; o que aconteceu; as datas, os horários e os locais dos acontecimentos; as pessoas que *parecem* ser os agressores; quem são as testemunhas e assim por diante. Explique que você compreende a necessidade de a escola confirmar algumas informações. Descreva como os maus-tratos afetam seu filho, sua saúde física e mental e seu desempenho acadêmico. Enfatize que você quer uma solução imediata e espera que a escola faça o possível para evitar o bullying no futuro. Peça sugestões e ideias ao professor. Dê a ele tempo para falar. Nesse ínterim, é possível que ele não seja capaz de explicar o que está acontecendo, mas pelo menos você o terá posto a par do problema. Peça a ele que se comprometa a começar uma investigação e a tomar algumas medidas imediatas para garantir a segurança de seu filho. Se for necessário, marque uma segunda reunião para retomar a conversa e desenvolver um plano de ação. Para desenvolver um plano abrangente, é possível que o professor envolva outros profissionais, como o orientador, o funcionário administrativo da escola ou um assistente da diretoria. Diga-lhe que vai enviar um e-mail ou telefonar em dois dias, para se informar sobre as providências tomadas e, no final da reunião, agradeça pelo tempo dedicado. Se ele colocar em prática algum dos compromissos anteriormente mencionados, agradeça pela iniciativa de garantir a segurança de seu filho.

Depois da reunião, envie uma carta agradecendo novamente pela cooperação, relacionando as ações combinadas, a data e o horário da próxima reunião para o desenvolvimento de um plano de ação. Agradeça a ele por continuar a investigação e informe-o novamente de que pretende entrar em contato em dois dias. Se desejar, mande uma cópia para o diretor. Porém, certifique-se de elogiar o profissionalismo, a sensibilidade e a preocupação do professor, se isso parecer apropriado.

Muitos professores serão cooperativos. Porém, se não for esse o caso, procure o diretor. Muitos são compreensíveis, mas você

Como ajudar seu filho quando ele é vítima de bullying **115**

pode deparar com um ou outro que negue que o bullying é um problema na escola, ou alguém que simplesmente queira culpar seu filho. Por exemplo, ele pode dizer: "Temos crianças muito boas aqui. Não creio que o bullying seja um problema em nossa escola." Ou: "Sabe, seu filho não é muito querido por aqui. Talvez deva pensar em transferi-lo." Quando encontrar um diretor nesses moldes, seja cauteloso, mas insista na reunião mesmo assim. Mais uma vez, tenha em mãos o registro de todos os fatos. Durante a reunião, explique exatamente o que você disse ao professor e peça ao diretor para informá-lo sobre quando, exatamente, ele pretende conversar com quem está maltratando seu filho e com o professor dele. Depois da reunião, telefone para confirmar as conversas. O diretor não é obrigado a lhe dizer quais ações foram adotadas. Na verdade, isso pode até violar os direitos de privacidade do aluno. Se a ação não foi adotada ou se você não está satisfeito com a resposta do diretor, diga-lhe que planeja ir à próxima instância e que, se for necessário, você vai procurar o MEC e assim por diante.

Se o professor está se esforçando, mas parece incapaz de ajudar seu filho, mesmo após duas ou três revisões do plano de ação, marque uma audiência com o diretor. Explique que o professor foi cooperativo, mas precisa de ajuda. Explique também que os maus-tratos já se prolongaram por tempo demais e que você se preocupa com o impacto que isso pode ter sobre seu filho. Diga que é hora de a escola implementar seus esforços. Cobre do diretor que tome uma atitude e recomende os próximos passos. Se você concordar com os procedimentos, solicite um prazo para sua implementação. Então, marque um novo encontro para discutir a eficiência das ações e o que deve ser feito em seguida.

Um pai convenceu o diretor a convocar uma reunião entre a filha e os agressores. O diretor e o pai da vítima também estavam presentes nesse encontro. A vítima pediu aos valentões para explicarem suas condutas. Foram informados de que seriam suspensos se voltassem a maltratar a menina, e o comportamento impróprio

116 PROTEJA SEU FILHO DO BULLYING

cessou. Confrontar os intimidadores e informá-los de que haverá sérias consequências para o bullying pode ser eficiente para acabar com as intimidações. Porém, apenas prevenir ou falar com os agressores sobre a violência não é tão eficiente quanto aplicar castigos para as atitudes negativas e recompensar a maneira certa de agir.

Na medida em que estratégias forem implementadas, marque reuniões de acompanhamento com os profissionais adequados na escola, para avaliar se as medidas adotadas pelo estabelecimento foram bem-sucedidas. Tente ser paciente; o bullying é um problema de difícil solução. Porém, conte com ações por parte da escola em tempo razoável. Considere quaisquer sugestões dadas pela equipe do colégio. Solicite também que haja um adulto (isto é, um professor auxiliar) com quem a criança possa falar todos os dias, para fornecer um relato atualizado sobre os maus-tratos por ela sofridos.

Se você não ficar satisfeito com a resposta da escola, talvez queira conversar com um advogado, para se informar sobre os direitos de seu filho e sobre a possibilidade de se tomar alguma medida legal. Você terá de decidir se quer manter seu filho na escola nessas condições e você pode adquirir o direito de reivindicar outro professor para seu filho, ou até outra escola.

Peça à escola de seu filho e ao sistema educacional como um todo para implementar um programa antibullying e treinar os funcionários para impedir e deter a intimidação. Ofereça ajuda: todos os funcionários da escola precisam saber como criar ambientes nos quais os alunos se sintam aceitos e acolhidos. Eles também têm de aprender como prevenir e deter a agressão, como ajudar as vítimas e modificar os agressores. Peça às organizações locais de pais, organizações cívicas, ou a corporações para patrocinarem um workshop ou seminário antibullying. Os professores também precisam de material curricular para a prevenção do bullying e recursos para implementar campanhas antibullying (filipetas, pulseiras e pôsteres).

Como ajudar seu filho quando ele é vítima de bullying   117

Promova atividades antibullying por meio das associações locais. Peça para incluir o bullying na agenda de uma reunião e sugira que um orador seja convidado para tratar desse assunto.

Denuncie todas as ameaças e agressões físicas

Qualquer ameaça ou ataque físico deve ser encarado seriamente. Tire fotos de todos os ferimentos e segure uma régua ao lado de cada um deles para comprovar seus tamanhos: mantenha um registro de todos os tratamentos e despesas médicas, assim como despesas de transporte relacionadas, incluindo sessões de aconselhamento. Ponha datas nas fotos e codifique-as para relacioná-las com as anotações em seu diário sobre o evento específico de agressão que causou aqueles ferimentos.

Relate à escola e à polícia todo e qualquer ataque físico. Esse é um passo sério, mas, se há assédio ou agressão violentos, pode ser a melhor atitude. Em tais situações, insista para que a polícia crie um registro de ocorrências. Assim, seu filho vai se sentir melhor e é provável que essa medida interrompa o bullying. Porém, tenha em mente que a ação policial tem seus pontos negativos, atraindo atenção indesejada para seu filho, ou, inversamente, conduzindo-o ao isolamento.

Você também pode incentivar pais de outras vítimas do bullying a procurar a polícia. Talvez, se todos os pais buscarem ajuda policial, mais crianças receberão a mensagem de que agressões não são toleradas. Um diretor me disse que praticamente extinguiu as intimidações em sua escola, chamando a polícia cada vez que havia um problema com valentões. O policial ia à escola e entrevistava a criança, na presença de um adulto, adotando as ações que considerava apropriadas. Ele disse que explicar as possíveis consequências legais para aquele tipo de atitude era tudo que tinha de ser feito para interromper o comportamento indesejado. Não estou recomendando essa abordagem para todas as situações, mas ela pode ser uma estratégia eficiente para transmitir a mensagem

118 PROTEJA SEU FILHO DO BULLYING

antibullying a todas as crianças. A verdade é que, ao contatarem a polícia, alguns pais salvaram a vida dos filhos e os pouparam de ferimentos graves. Algumas crianças tiveram ossos fraturados, lesões oculares e até cerebrais, em decorrência das agressões. Pessoalmente, se eu sentisse que a vida de meu filho estava em perigo ou que havia alguma probabilidade de ferimento grave, eu não hesitaria em procurar a delegacia.

No caso de maiores de idade, a lei é aplicada de acordo. Normalmente, crianças com até 17 anos são indiciadas em um juizado de menores, mas a polícia ainda pode entrevistar o menor na presença de um adulto e fazer certas exigências.

O policial é acionado para lidar com queixas de ataque ou assédio e pode ser útil. Porém, há relatos de casos nos quais a polícia se esquivou da ação alegando não poder agir, quando de fato poderia ter, pelo menos, conversado com seu filho em sua presença ou na de outro adulto.

Quando os funcionários da escola são os agressores

Quando você tem um problema com um adulto que trabalha na escola de seu filho, deve ir diretamente a essa pessoa, em primeiro lugar, e compartilhar suas preocupações. Pense positivamente e presuma que ela vai colaborar com você. Algumas vezes, você ficará desapontado. Mantenha a mente aberta — talvez ela nem perceba o sofrimento que está causando. Se o comportamento desse adulto estiver ferindo seu filho física, emocional, psicológica ou socialmente, você deve informá-lo imediatamente. Não esqueça de levar anotações sobre a conversa para a reunião. Talvez você queira ter um gravador de áudio disponível para poder registrar seus pensamentos sobre o que foi dito, ou leve alguém com você à reunião, para confirmar tudo. Se o adulto em questão está maltratando outros alunos, peça a eles e a seus pais para comparecerem também.

Como ajudar seu filho quando ele é vítima de bullying   **119**

Se o adulto não quiser cooperar, você e seu filho, junto com os outros estudantes vitimizados e seus pais, devem procurar o diretor. Se você não ficar satisfeito com a resposta do diretor, aja como nas situações anteriores. Se necessário, procure o MEC. Certifique-se de que saberá o que dizer.

Descubra o que outros pais e alunos sabem sobre o funcionário. Quando conversar com eles, não mencione a situação de seu filho. Procure informações de maneira informal e não critique a pessoa.

Verifique se o sistema escolar conta com alguma política de empregados que o adulto possa estar violando com seu comportamento. Talvez haja uma política contra agressões que trate especificamente de maus-tratos por parte de funcionários, se isso existir, peça ao colégio para colocá-la em prática.

Se você não está satisfeito com a resposta da escola, talvez queira procurar um advogado para se informar sobre que ações podem ser aplicadas. Você pode pedir que mudem o horário de seu filho, de modo a evitar contatos entre ele e o indivíduo em questão. Fale com um advogado para saber se é permitido levar um pequeno gravador ou uma filmadora para a sala de aula e registrar legalmente os maus-tratos.

Identifique sinais iniciais de estresse traumático

Procure algum sinal de depressão em seu filho e não hesite em buscar ajuda profissional. Os orientadores da escola podem ser úteis, mas, muitas vezes, eles não têm tempo suficiente para dar a atenção de que seu filho precisa. Se decidir mandá-lo para um terapeuta, prepare-o para o primeiro encontro. Reveja com ele a situação: o que aconteceu? Com que frequência ocorrem os maus-tratos? Há quanto tempo isso ocorre? Quando e onde acontece? Quem está envolvido? O que fazem os espectadores? Como você se sente em relação ao que está acontecendo? Isso o faz sentir doente? O que você espera que seja feito? Quem são os adultos que você acha que podem ajudá-lo?

120 PROTEJA SEU FILHO DO BULLYING

Depressão em crianças e adolescentes não é algo incomum. Crianças que experimentam maus-tratos correm o risco de ficar deprimidas. Esse sentimento cria um ciclo vicioso. Entre crianças e adolescentes, desordens depressivas podem elevar o risco de doenças e dificuldades interpessoais e psicossociais, que persistem por muito tempo depois da resolução do episódio. Em adolescentes, existe também o risco maior de abuso de substâncias ilícitas e comportamento suicida. Infelizmente, é comum que essas desordens passem despercebidas pela família e pelos médicos. Sinais de depressão em jovens são muitas vezes considerados alterações de humor, típicas de um estágio específico do desenvolvimento. Além disso, profissionais da saúde relutam em rotular prematuramente um jovem com diagnóstico de doença mental. No entanto, o diagnóstico prematuro e o tratamento das desordens depressivas são críticos para a saúde emocional e social, e para o desenvolvimento comportamental.

Ser vítima de bullying pode ser traumático, por isso mantenha-se atento a sinais de transtorno de estresse pós-traumático (TEPT). Só recentemente se compreendeu que o bullying pode causar TEPT em algumas crianças e adolescentes. De acordo com o National Center for Posttraumatic Estresse Disorder, o TEPT é uma desordem psiquiátrica que pode ocorrer após o indivíduo testemunhar ou experimentar eventos de risco à vida, tais como combate militar; desastres naturais; incidentes terroristas; acidentes sérios; violentos ataques pessoais, como estupro; e persistentes maus-tratos, como abuso físico e bullying.[3] Pessoas que sofrem de TEPT revivem a experiência por meio de pesadelos e flashbacks, têm dificuldade para dormir e se sentem distantes e alienadas. Esses sintomas podem ser severos o bastante para prejudicar de maneira significativa sua vida diária. O TEPT é caracterizado por claras mudanças biológicas e sintomas psicológicos. Ele é complicado, pelo fato de ocorrer frequentemente em conjunção com desordens relacionadas, como depressão, abuso de substâncias, problemas de memória e cognição, e outros de saúde física e mental. A desor-

Como ajudar seu filho quando ele é vítima de bullying   121

dem também é associada à perda da capacidade funcional na vida social ou familiar, incluindo instabilidade ocupacional, problemas conjugais e divórcio, discórdia em família e dificuldades para criar filhos.

Quando você examina a lista do centro nacional com as características de indivíduos com maior propensão para desenvolver TEPT, pode ver claramente por que algumas vítimas de bullying desenvolvem esse quadro.

Indivíduos com maior risco para TEPT

- Aqueles que experimentam maior magnitude e intensidade de fatores estressantes, imprevisibilidade, incontrolabilidade, vitimização sexual (em oposição à não sexual), responsabilidade real ou percebida e traição.

- Aqueles com fatores prévios de vulnerabilidade, como genética, trauma de infância, ausência de apoio social funcional e eventos concomitantes para o estresse.

- Os que reportam maior ameaça ou perigo, sofrimento, terror, horror, medo.

- Os que têm ambiente social que produz vergonha, culpa, estigmatização ou ódio contra si mesmo.

Se você suspeita de que seu filho tem TEPT, procure ajuda profissional para ele.

Observe sinais de tendências suicidas. Crianças que são maltratadas de forma persistente e apresentam depressão por um período de tempo significativo podem ter pensamentos suicidas. Esse risco tende a aumentar, particularmente entre meninos adolescentes, se o quadro é acompanhado de desordem de conduta e abuso de álcool ou outra substância. Em 1997, o suicídio foi a terceira causa de morte em indivíduos com idades entre 10 e 24 anos. Pesquisa apoiada pelo National Institute of Mental Health

122 PROTEJA SEU FILHO DO BULLYING

descobriu que, entre adolescentes que desenvolvem graves quadros depressivos, até 7 por cento podem cometer suicídio logo após deixarem a adolescência.[4] Consequentemente, é importante que médicos e pais tratem com seriedade toda e qualquer ameaça de suicídio.

Pesquisadores estão desenvolvendo e testando várias formas de intervenção para impedir suicídio entre crianças e adolescentes. Diagnóstico precoce e tratamento, avaliação precisa do pensamento suicida e limitar o acesso dos jovens a agentes letais — como armas de fogo e medicamentos — são providências fundamentais para a prevenção de suicídios.

A American Academy of Experts in Traumatic Stress enfatiza que discutir a possibilidade de suicídio com seu filho não aumenta a probabilidade de que ele cometa o ato, e recomenda buscar respostas para as seguintes questões[5]:

- Tem se sentido deprimido? (Ajuste a linguagem de acordo com a idade — "triste", "mal", "para baixo".)

- Há quanto tempo?

- Sente que tudo é inútil?

- Tem dificuldade para dormir (como problemas para pegar no sono ou acordar no meio da noite)?

- Seu apetite mudou? (Ganhou ou perdeu peso?)

- Tem procurado álcool ou outras substâncias para lidar com as situações?

- Pensa em se matar?

- Quando esses pensamentos ocorreram?

- O que você pensa em fazer consigo mesmo?

- Você chega a fazê-lo, em seus pensamentos?

- O que o impediu de fazer isso?

Como ajudar seu filho quando ele é vítima de bullying   123

- Com que frequência esses pensamentos ocorrem?
- Quando foi a última vez que pensou a respeito?
- Você prometeu que não vai causar mal a si mesmo?
- Seus pensamentos incluem causar mal a outra pessoa, além de si mesmo?
- Com que frequência?
- O que pensou em fazer com a(s) outra(s) pessoa(s)?
- Tomou alguma atitude, como tentar obter uma arma, medicamentos e assim por diante?
- Pensou no efeito que sua morte teria sobre a família ou os amigos?
- Que tipo de ajuda tornaria mais fácil para você lidar com seus atuais pensamentos e planos?
- O que o faz querer viver?
- Como você se sente falando sobre isso?

Uma criança que quer pôr fim à própria vida precisa de atenção imediata. Indivíduos que são suicidas apresentam múltiplos sinais de perturbação. Esses sinais podem incluir:

- Despedir-se dos amigos.
- Doar objetos valorizados.
- Escrever textos ou anotações sobre suicídio.
- Verbalizar para um amigo ou professor a respeito de "não querer continuar ali".
- Fadiga excessiva.
- Repentinas mudanças de personalidade.
- Comportamento autodestrutivo (como automutilação).

124 PROTEJA SEU FILHO DO BULLYING

Quando uma criança tem pensamentos suicidas ou de fato faz uma tentativa, há várias medidas a serem tomadas. Por exemplo, se seu filho diz que quer morrer, leve a sério e tenha uma conversa franca e direta com ele. Não presuma que ele não está falando sério. Abordar o assunto não o fará cometer suicídio. Deixe sempre a porta aberta para esse tipo de discussão, especialmente quando uma criança expressa seus sentimentos a respeito de eventos traumáticos ou estressantes em sua vida. Se seu filho fala sobre suicídio ou tentou se matar, procure ajuda profissional. Se ele fez uma tentativa séria, provavelmente precisa ser levado a um hospital. Uma vez atendidas suas necessidades médicas, ele precisará de um psiquiatra. Se seu filho tentou suicídio ou tem planos nesse sentido, não o deixe sozinho até ser avaliado, o que pode levar um ou mais dias. Isso pode ser exaustivo, por isso não esqueça de cuidar de si mesmo, enquanto dá atenção a ele. Tome providências para que ele não tenha acesso a métodos de suicídio, como medicamentos, armas, cordas, lâminas e assim por diante. Guarde esses itens em locais seguros e trancados ou tire-os de casa.

Algumas crianças usam pensamentos suicidas e tentativas de se matar como meios de manipular ou ferir outras pessoas, até mesmo para sair da escola. Embora sua reação inicial deva ser sempre levar a sério seu filho, também é necessário ter em mente essa possibilidade e trabalhar com o terapeuta dele, para encontrar a causa dos sentimentos suicidas.

O que mais você pode fazer para ajudar?

Identifique na escola pessoas atenciosas que se disponham a ajudar seu filho — talvez até fazer amizade com ele. Pode ser um professor — ou um funcionário que você conheça bem. Peça a essa pessoa para monitorar as interações de seu filho e conversar frequentemente com ele.

Envolva seu filho em atividades dentro e fora da escola. Ajude-o a fazer amigos com crianças que possam ajudar a romper o ciclo de maus-tratos. Por exemplo, ele pode tornar-se escoteiro ou ingressar

Como ajudar seu filho quando ele é vítima de bullying   **125**

em um clube ou no grupo de jovens da igreja local. Ele também pode ter um correspondente, alguém com quem troque cartas ou e-mails, com sua supervisão.

Monitore o paradeiro de seu filho e dos amigos dele. Se seu filho se sente rejeitado, pode procurar amigos entre pessoas e lugares errados. A necessidade de aceitação é tão forte que, se não for atendida entre os pares de boa moral, seu filho pode buscá-la entre novos amigos que têm dificuldade para distinguir entre certo e errado. Algumas crianças se unem a gangues, grupos de incitação ao ódio, cultos, e grupos de usuários de drogas, a fim de ter um lugar no qual se sintam aceitas.

Ajude-o a estabelecer um relacionamento significativo com os avós e outros membros mais distantes da família. Isso vai ampliar a rede de apoio disponível para seu filho.

Leia com ele livros que tratem de bullying. Discuta as situações descritas nesses livros e outros conteúdos relevantes sobre agressão. Tome cuidado quando comprar livros do tipo para ler com crianças. Alguns deles passam a mensagem errada, colocando a ênfase na empatia pelo agressor ou promovendo a retaliação. Portanto, quando ler esses livros, saiba discernir. Se você se sente desconfortável com os textos das histórias, discuta essa sensação com seu filho. Recomendo que você use a internet para aprender o máximo possível sobre livros antibullying, antes de adquiri-los ou ler esse material com seu filho. Antes de comprá-los, examine-os na biblioteca mais próxima.

Ajude seu filho a lidar com o medo que ele sente. Não o minimize, mas não exagere em sua reação. Demonstre como controlar o medo. Avalie aquelas coisas que o amedrontam para determinar qual ação deve ser implementada. Administrar o medo é importante por duas razões. Se ele estiver amedrontado, o que é comum nessas situações, terá maior probabilidade de se tornar um alvo fácil: vai parecer frágil. Os agressores sempre escolhem pessoas frágeis. Dê a seu filho as seguintes sugestões para lidar com o medo:

126 PROTEJA SEU FILHO DO BULLYING

- Aceite o medo como uma resposta normal e não tenha receio de senti-lo. Assuma seus sentimentos, não tente escondê-los, não finja e não procure fazer algo errado (como faltar às aulas) para evitá-los.

- Expresse o temor de maneira apropriada. Fale com seus pais sobre seus sentimentos de apreensão; escreva isso em uma carta para seus pais ou em um diário. Faça desenhos ou componha uma canção ou poema sobre seu medo.

- Encare-o como um desafio. Veja se é algo que é possível dominar. Essa é uma oportunidade de você ser um vencedor — um vencedor sobre seu medo e o que o faz senti-lo.

- Guarde-os dentro de uma garrafa; não dentro de você. Todas as noites e manhãs, imagine-se colocando-os em um recipiente e colocando a tampa nele.

- Mantenha no bolso uma pedra pequena e lisa. Quando algo lhe provocar medo, ponha a mão no bolso e sinta a pedra, como um lembrete para relaxar.

- Aprenda a usar a respiração para ajudá-lo a se controlar. Comece sentando-se com as costas eretas ou permaneça em pé, da mesma forma. Depois inspire pelo nariz. Seu abdome deve expandir-se e você sentirá os pulmões se enchendo de ar. Prolongue a inspiração por mais tempo do que o normal. Segure o ar e conte até três; depois, solte-o, enquanto sente o abdome murchando.

- Contraia e relaxe todos os músculos.

- Não exagere o medo. Às vezes pensamos sobre o que pode acontecer, em vez de pensar no que está realmente acontecendo. Pense apenas no que estiver ocorrendo no momento.

- Tente imaginar pessoas e situações que lhe causam temor e depois se visualize calmo, sorrindo e se afastando. Pense na pessoa que o faz sentir medo, sentada à sua frente, e diga

Como ajudar seu filho quando ele é vítima de bullying 127

repetidas vezes: "Você não pode me amedrontar. Não vou deixar você me amedrontar."

Há vários vídeos disponíveis para ajudar você a desenvolver traços de caráter que deseja ver em seu filho; alguns lidam especificamente com bullying. Procure na internet por títulos e disponibilidade. Antes de comprá-los, leia-os com atenção, avaliando seus conteúdos, e tenha o cuidado de assistir ao material, antes de mostrá-lo a seu filho.

Envolva seu filho na descoberta de soluções para sua situação de agressão. Pergunte o que ele pensa que deve ser feito para pôr fim aos maus-tratos. Ele pode oferecer boas sugestões. Com sua ajuda, ele mesmo será capaz de solucionar o problema.

Fique atento aos sinais de que seu filho está submetendo os irmãos à intimidação. Crianças vitimadas na escola às vezes repetem o tratamento em casa. Eles não querem ser vítimas em casa, por isso atacam antes os membros da família. Às vezes, o comportamento é uma expressão da raiva criada por ser uma vítima. Converse com seu filho sobre o bullying e explique que, embora entenda de onde ele vem, isso tem de ter um fim.

Seja observador. Ouça o que seu filho fala e o que outras pessoas dizem a ele. Observe também a interação dele com os que o cercam.

Seu filho precisa estar em boa forma física para lidar com o estresse causado pela intimidação. Portanto, certifique-se de que ele tenha boas noites de sono, pratique exercícios regularmente e se alimente de maneira adequada. Dormir é especialmente importante. A falta de sono afeta o controle de impulsos e pode influenciar as interações de seu filho com outras pessoas, bem como sua capacidade de lidar com o bullying.

Peça a outro estudante para ser mentor de seu filho. Os mentores compartilham sabedoria adquirida por meio de experiência pessoal. Podem ir a vários lugares e fazer muitas coisas divertidas com seu filho.

Se necessário, transfira seu filho para outra escola ou outro sistema de ensino. Ele pode precisar "começar do zero". Essa estratégia nem sempre é efetiva, mas pode dar a ele uma chance de deixar para trás todos os rótulos e começar novamente. É melhor transferir a criança no início do que no meio do ano. Outra alternativa é ensinar em casa. Se a escola nada pode fazer para impedir as situações de maus-tratos, é melhor remover seu filho do que permitir que o bullying afete sua autoestima, sua saúde física e emocional e seu desenvolvimento social. Se transferir seu filho e a agressão persistir, é possível que ele sinta que a escola não pode suprir suas necessidades, e ressinta-se por não ter sido protegido e amparado por ela. Isso pode causar-lhe um sentimento de raiva pelos pais e pelo quadro docente, levando-o a problemas de disciplina e desrespeito.

Quando vir ou ouvir algum comentário de que seu filho está lidando de maneira efetiva com o bullying, recompense-o verbalmente e com um privilégio ou presente especial. Em outras palavras, recompense seu comportamento de sobrevivência.

Discuta o bullying com os pais de outras crianças que já sofreram com isso. Eles podem contar como conseguiram lidar com a situação ou pôr fim aos maus-tratos.

Não desista. Muitos funcionários da escola apoiam a vítima de bullying e querem ajudar. Porém, alguns educadores parecem ignorar o problema ou se negam a ajudar. Não permita que essas pessoas o façam. Não se sinta como se estivesse criando problemas ou tomando o tempo dessas pessoas. A segurança e a saúde de seu filho devem ser prioridade. Ao deter o bullying, você ajuda seu filho, outras crianças e a escola.

Mantenha aberta a comunicação com seu filho. Peça-lhe que o mantenha informado sobre os maus-tratos. Quando achar que é o momento oportuno, pergunte se houve alguma melhora na situação.

Diga sempre a seu filho que o ama. Abrace-o muito e dedique a ele tempo e atenção. Seja acessível, gentil, atencioso e respeitoso.

Como ajudar seu filho quando ele é vítima de bullying **129**

Disponha-se a desistir de alguma coisa que você queira fazer em prol do que ele quiser. Em outras palavras, faça um esforço extra para ser bom para ele e demonstrar que ele é importante para você. Seu amor por ele o ajudará a amar a si próprio. A autoaceitação é a base do autoaperfeiçoamento, e a autoestima, da compaixão para com o próximo.

MENSAGENS-CHAVE

- Sinta-se grato por ter conhecimento que seu filho está sofrendo bullying.
- Mantenha a calma, ainda que esteja preocupado.
- Evite ser um pai impulsivo que procura imediatamente os pais do agressor.
- Não diga a seu filho para se vingar.
- Por menor que pareçam ser os eventos, considere-os com seriedade.
- Faça perguntas para descobrir o que aconteceu.
- Mantenha um registro dos eventos de maus-tratos.
- Dê a seu filho dicas de como lidar com o bullying.
- Se o bullying está acontecendo na escola, reúna-se com professores e funcionários e colabore com eles para ajudar seu filho.
- Ensine seu filho a ser assertivo.
- Reporte todos os ataques físicos à polícia.
- Promova o estabelecimento de um programa antibullying na escola de seu filho.

7

Prevenir o cyberbullying

Caro Dr. Beane:

Decidi entrar em contato para falar sobre as experiências de meu filho. Sei que sabe, por experiência própria, como o bullying pode ser destrutivo. Eu não tinha consciência de que meu filho era vítima de bullying há vários anos. Sempre me preocupei com ele. Ele parecia cada vez mais triste e se afastava dos amigos. Finalmente, um de seus amigos me informou sobre as agressões. Mas era tarde demais: meu filho já havia cometido suicídio. Os colegas foram muito cruéis com ele. Soube que o ato mais recente desses alunos foi postar na internet muitas coisas feias e cruéis sobre ele. Parece que, quando começaram a usar computadores para atingi-lo, ele não suportou.

Você e seu filho precisam saber como lidar com uma nova forma de bullying — o cyberbullying ou bullying eletrônico. De acordo com Bill Belsey, presidente da Bullying.org (Canadá), "o Cyberbullying envolve o uso de informação e tecnologias de comunicação como e-mail, celular, mensagens instantâneas de texto, sites de difamação pessoal e sites de difamação on-line para apoiar comportamento hostil deliberado e repetido por um indivíduo ou grupo, com intenção de ferir outras pessoas".[1]

O cyberbullying está se tornando mais popular porque são necessários apenas alguns toques no teclado de um computador para divulgar informações dolorosas e destrutivas de forma anônima, acessível por milhares de pessoas. O cyberbullying intensifica na vítima a sensação

132 PROTEJA SEU FILHO DO BULLYING

de que não há saída. Portanto, pode ser mais destrutivo e doloroso do que outras formas de intimidação.[2] As consequências para essas vítimas são devastadoras. Quando o cyberbullying ocorre após anos de maus-tratos, algumas vítimas se tornam depressivas e suicidas.[3]

Qual é a aparência do cyberbullying?

O cyberbullying surge em diferentes formas. As crianças estão descobrindo maneiras cada vez mais criativas de usar a tecnologia para ferir outras pessoas. Os ataques podem ser diretos ou indiretos. O cyberbullying indireto ocorre quando encontra outra pessoa para fazer as agressões. Na maior parte do tempo, essa pessoa não sabe que está sendo usada pelo intimidador.[4] Essa é a forma mais perigosa de cyberbullying, porque pode envolver adultos que não sabem que estão lidando com uma criança. Às vezes o cyberbully ataca posando de vítima para criar problemas a uma criança inocente. Por exemplo, o agressor pode dar a impressão de que o outro está fazendo algo errado; os pais são, então, notificados e punem a criança. Alguns exemplos de cyberbullying incluem o uso da tecnologia para:

- Espalhar fofocas, rumores maliciosos e mentiras.
- Postar fotos e vídeos difamatórios na web.
- Enviar e-mails cruéis, maliciosos e feios.
- Mandar códigos maldosos.
- Mandar pornografia e outras mensagens instantâneas e eletrônicas de conteúdo reprovável.
- Fazer-se passar pela vítima.
- Mandar piadas severas.
- Postar fotos ou informações constrangedoras.
- Criar sites com o propósito de humilhar e constranger alguém.

Um cyberbully também pode utilizar um ou mais dos seguintes fóruns on-line para atormentar seu filho. Você precisa conhecê-los para poder ajudá-lo.[5]

Prevenir o cyberbullying   133

- *Blogs (registros na web).* Os blogs fornecem aos usuários ferramentas para publicar conteúdo pessoal on-line sobre uma ampla variedade de tópicos, como hobbies, viagens ou projetos profissionais. As pessoas, então, conectam seus blogs com os de outros indivíduos de interesses semelhantes.

- *Salas de bate-papo.* São locais de encontros virtuais em que os usuários podem encontrar pessoas para conversar on-line. Muitas salas podem acomodar mais de cem usuários simultaneamente.

- *Grupos de discussão.* São acessíveis pela internet. Cada grupo (fórum) é categorizado e dedicado a um único tópico. Mensagens são postadas em forma de boletim e permanecem em um servidor, em vez de serem enviadas por e-mail.

- *E-mail (correio eletrônico).* O e-mail é um serviço que permite aos inscritos transmitir mensagens de uma pessoa para outra por meio de um provedor de serviços da internet.

- *Mensagem Instantânea.* Essa é uma atividade on-line que permite a duas ou mais pessoas conversarem em tempo real. Os inscritos podem criar uma lista de contatos com aqueles com quem querem se comunicar.

- *Grupos de mensagens.* Locais on-line onde pessoas com interesses comuns podem conversar sobre vários assuntos, como esportes, times, programas de televisão e jogos on-line.

- *Serviço de Mensagens Breves (SMS).* Serviço que permite que mensagens de texto sejam enviadas e recebidas por telefone celular.

Quais são os sinais de que seu filho está sofrendo cyberbullying?

Os sinais indicativos apresentados no Capítulo 2 também se aplicam ao cyberbullying. Se você desconfia de que seu filho está sofrendo esse tipo de ataque, reveja todos os sinais e pergunte-se se ele...

- Recebe muitas ligações telefônicas no celular de um mesmo número.

- Passa muitas horas no computador usando salas de bate-papo.

- Visita sites que promovem rumores maldosos.

- Parece estar perturbado, irritável ou emotivo depois de passar algum tempo no computador.

- Fala sobre fotos dele na internet postadas sem sua permissão.

- Parece ser sigiloso sobre o uso do computador.

- Manda ou recebe mensagens de e-mail com símbolos e códigos.

O que você pode fazer

Proteger seu filho de todo e qualquer cyberbullying pode ser impossível. Mas existem algumas medidas que você pode tomar para prevenir boa parte dele, reduzi-lo e talvez até deter alguns cyberbullies.

Primeiro, certifique-se de que seu filho sabe o que é cyberbullying e como ele se manifesta. Discuta como os alunos usam a tecnologia para maltratar e ferir pessoas. Pergunte a seu filho se ele conhece alguém que já foi perseguido ou atacado pela internet. Peça a ele para dar alguns exemplos de cyberbullying e depois forneça alguns você mesmo.

Diga a ele que é importante que vocês mantenham diálogos um com o outro. Por mais insignificante que possam parecer, você quer saber sobre as ações dolorosas de outras pessoas contra seu filho. Quando o assunto é maus-tratos, não existem segredos.

É seu direito e dever saber o que seu filho está fazendo com o computador e o celular. Explique que, como pai, você tem obrigação moral e legal de protegê-lo, e tem o direito legal de pesquisar seu computador e examinar seu celular, independentemente de ele ter ou não comprado esses objetos com o próprio dinheiro. Sempre que sentir que precisa examinar seus aparatos de comunicação para protegê-lo, vá em frente.

Desenvolva suas habilidades com o computador de modo a poder rastrear as atividades de seu filho na internet e visitar os sites em que ele navega. Muitos cyberbullies utilizam linguagem cibernética, uma espécie de dialeto on-line, ou gíria da internet, e isso pode dificultar a compreensão dos pais a respeito do que é dito. Aprenda algumas abreviações comuns para palavras e frases que são empregadas em textos, e-mails e salas de bate-papo — pesquise-as na própria internet.

Deixe seu filho saber que você tem as mesmas habilidades e capacidades que ele no computador. Também aprenda o máximo possível sobre celulares e as diferentes informações que podem ser compartilhadas.

Algumas formas de cyberbullying podem ser tratadas do mesmo jeito que o bullying. Por exemplo, comentários assertivos por escrito podem ser eficientes. Porém, é importante que seu filho não escreva nada que provoque o agressor e possa ser aproveitado por ele em caso de ação legal. Portanto, talvez você prefira dizer a seu filho para ignorá-lo. Selecione outras estratégias de resposta mencionadas neste livro que podem ser apropriadas para seu filho e o cyberbullying. É importante lembrar que não existe uma estratégia universal que funcione em todas as situações, mas vale a pena tentar. Você mesmo também pode enviar uma mensagem clara ao agressor: "Não se comunique mais com meu filho, ou vamos acionar as autoridades apropriadas." Mas não se surpreenda se a intimidação continuar.

Se continuar, reúna informações e documentação e determine os fatos. Imprima e salve documentos que comprovem que seu filho é vítima de cyberbullying. Por exemplo, peça a seu filho para reportar as mensagens de cyberbullying e imprimi-las. Diga a ele que essas mensagens são ilegais. Reporte as mensagens à polícia e ao seu ISP e forneça provas necessárias.

Decida se é uma boa ideia entrar em contato com os pais dos cyberbullies. Eles podem não tolerar esse tipo de comportamento, e vão se surpreender ao saber que o filho está envolvido nisso. Infelizmente, às vezes os pais de um cyberbully podem adotar uma atitude defensiva. Portanto, considere a ideia de não encontrá-los pessoal-

136 PROTEJA SEU FILHO DO BULLYING

mente, mas, em vez disso, enviar uma carta registrada, incluindo nela todo o material baixado da internet e solicitações para que o cyberbullying pare e todo material seja removido da rede.[6]

Ensine a seu filho que a Regra de Ouro também se aplica quando se faz uso da tecnologia. Se seu filho maltrata outras pessoas, provavelmente será maltratado também. Ser educado, bondoso e apoiar os outros costuma surtir resultados positivos. Portanto, é melhor não mandar mensagens quando estiver aborrecido ou zangado. Diga-lhe que você não vai tolerar que participe de cyberbullying, explique a seu filho que usar o computador é um privilégio e, como tal, pode ser limitado e até removido, se não for utilizado de maneira aceitável. Depois, dê a ele um conjunto de regras. Seguem alguns exemplos.

Cyber-regras

- Jamais forneça informações de contato ou pessoais sobre si mesmo, seus pais, ou seus amigos, como nome, endereço, telefone, idade, ou e-mail, sem a autorização dos pais.

- Nunca dê detalhes pessoais ou íntimos, que devem ser discutidos apenas com os pais, família, amigos próximos ou profissionais.

- Não forneça senhas a ninguém além dos pais.

- Nunca use linguagem imprópria, e não escreva nada que não possa ser lido por todos.

- Trate os colegas on-line como gostaria de ser tratado.

- Reporte imediatamente quaisquer comentários ofensivos ou dolorosos e ameaças contra você ou outra pessoa, e interrompa a comunicação.

- Não participe de fofocas nem espalhe rumores — interrompa a comunicação.

- O tempo na internet e com e-mails é limitado a _____ horas por dia, exceto quando estiver concluindo o dever de casa.

Prevenir o cyberbullying **137**

- Nunca faça download ou upload de fotos, músicas ou vídeos sem autorização dos pais.

Limite a quantidade de tempo que seu filho passa no computador enviando mensagens e visitando sites usados para se comunicar ou postar informação. Quanto mais tempo ele passar respondendo a comentários de outras pessoas, mais provável é que ele possa falar sobre alguém, que se torne conhecido por essa pessoa. É difícil para as crianças não darem ouvidos a fofocas sobre outros.

Monitore frequentemente o uso do computador. Não o instale no quarto de seu filho, onde ele possa fechar a porta e você não possa ver a tela. Coloque-o onde seja possível monitorar e supervisionar seu uso com facilidade. Você deve ser capaz de passar e ver o que ele está fazendo. Alguns pais colocam o computador onde há muito movimento na casa, o que facilita olhar por cima do ombro da criança. Os laptops permitem que o computador seja usado em qualquer lugar da casa, tornando mais fácil o monitoramento.

Você pode proibir o acesso de seu filho a determinados sites. Faça uma lista das páginas que seu filho não pode visitar. Explique que a lista não é definitiva e será atualizada. É claro, você deve estabelecer nitidamente que ele não pode visitar nenhum site que promova ódio, violência, racismo ou pornografia, nem sites que utilizem linguagem sexual. Talvez você possa comprar softwares de rastreamento ou bloqueio, para verificar os sites visitados por seu filho. Se optar por esse tipo de aparato, informe seu filho sobre o que está fazendo para regulamentar seu uso da internet. Compre um programa que bloqueie mensagens e sites de conteúdo relacionados a sexo, violência, racismo e imoralidade. Alguns dos programas mais populares são Cybersitter, Cyber Patrol, Net Nanny e Surfwatch.

Se seu filho está sofrendo bullying on-line, considere também programas que ajudem a descobrir a identidade dos agressores, tais como Email Tracker Pro, McAfee Parental Controls e Security Soft's Predator Guard. Esses programas oferecem proteção como filtros e rastreamento para texto impróprio, e até conteúdo ameaçador e de assédio. Não posso atestar a eficiência desses programas, mas eles

138 PROTEJA SEU FILHO DO BULLYING

podem ser de alguma utilidade. Porém, nunca confie completamente na tecnologia para proteger seu filho. Combine-a sempre com supervisão e discussões sobre o uso apropriado da internet.

Limite o número de pessoas a quem você dá seu e-mail ou o de seu filho, e também o número do telefone. Diga a seu filho para nunca fornecer informação pessoal, incluindo e-mail, números de telefone, endereço residencial, fotos, vídeos pessoais, identidade de usuário ou senha, ou informações de cartões de crédito, especialmente a estranhos ou alguém que ele conheceu on-line. Não hesite em mudar endereços de e-mail e números de celular se eles estiverem sendo usados para assediar ou atacar seu filho.

Ensine seu filho a não acreditar em tudo que lê na internet. As pessoas frequentemente espalham rumores ou mentiras para afetar outras pessoas. A melhor atitude que seu filho pode tomar quando vir esses comentários é se desconectar. Diga a ele para não responder aos comentários.

Se seu filho recebe ameaças, certifique-se de que ele sabe que ameaças podem ser levadas a sério. Diga a ele para não deletar a mensagem, mas imprimi-la. Forneça uma cópia aos oficiais responsáveis pela aplicação da lei na região. Mostre a mensagem também a um advogado. Isso será discutido posteriormente neste capítulo.

Diga a seu filho para sempre optar pela segurança. Por exemplo, se o nome e o endereço do remetente não forem conhecidos, não abra a mensagem ou os anexos e não responda à mensagem. Peça a seu filho para reportar essas mensagens, de modo que você possa gravar ou imprimir a informação. Fale para confiar em seus instintos. Se uma mensagem não parece certa, provavelmente não o é.

Diga a seu filho para não interagir de maneira alguma com os agressores por celular ou computador. Ele não deve responder, por mais que se sinta tentado a fazê-lo. Esse não é o momento de atacar o valentão. Sabe-se que os intimidadores costumam imprimir as respostas e tentam colocar suas vítimas em confusões. Isso pode ser um desafio para seu filho. Qualquer um teria dificuldades para ignorar essas mensagens.

Se a agressão acontece por contato pessoal, leve o caso ao provedor da conta de e-mail do agressor. Em geral, a palavra depois do sinal @. Se o e-mail e as contas de mensagens instantâneas de seu filho permitirem, bloqueie as comunicações do intimidador. Verifique também se o celular de seu filho permite que você recuse ou bloqueie mensagens de texto. Procure em Configurações ou Ferramentas. Às vezes é melhor seu filho evitar o uso do telefone ou do computador (exceto dentro do que é aprovado) por alguns dias para ver se o agressor desiste. Deixe que as ligações vão para a caixa de entrada.

Restrinja as pessoas que podem comunicar-se com seus filhos. Considere restringir todas as comunicações a remetentes pré-aprovados. Verifique se o agressor não faz parte da lista de amigos do seu filho. A ferramenta para controle da lista normalmente é encontrada na configuração de privacidade ou no controle dos pais em um programa de comunicação.[7] Não deixe seu filho gravar uma mensagem com o nome da caixa de recados do celular, porque isso vai servir para o valentão confirmar que tem o número certo e continuar maltratando seu filho. Use a mensagem fornecida pela operadora do telefone, diga a seu filho que isso nunca deve ser modificado e que você vai verificar com frequência.

Alguns pais também proíbem o acesso a todas as salas de bate-papo. Se você permite que seu filho as utilize, diga a ele para sair quando os indivíduos começarem a maltratá-lo ou destratar outra pessoa. Peça-lhe que anote o nome de tela do indivíduo e conte a você. Denuncie o indivíduo à polícia, ao provedor e ao administrador da sala de bate-pato. Se seu filho gosta muito de conversar on-line e você decide permitir que ele volte a fazê-lo, peça que adote uma nova identidade. Lembre-se de que ele não deve fornecer qualquer identificação pessoal.

Registre uma queixa em seu provedor. Apesar de certos comportamentos não serem ilegais, podem desrespeitar as regras, o que significa que o provedor pode ajudá-lo a lidar com um cyberbully. Se há um web site (blog, grupo de mensagens, site de votos on-line) que diz coisas negativas sobre seu filho, imprima e forneça uma cópia a seu ISP. Muitos desses sites populares têm links que você pode acessar para denunciar assédio, ameaças e outras formas de agressão. Alguns exemplos estão listados aqui.[8]

DELATAR O CYBERBULLYING AOS PROVEDORES DE SERVIÇO

MYSPACE

Para denunciar perfis ofensivos e assédio ou ameaças, vá à página da ajuda em www.myspace.com.

FACEBOOK

Denuncie abuso enviando um e-mail para Facebook, em privacy@ facebook.com ou pela página de Privacidade, em www.facebook. com. Use o endereço de e-mail info@facebook.com para denunciar qualquer outro conteúdo que você acredite que não deva ser postado.

ORKUT

No perfil do usuário que o está incomodando, clique em "denunciar abuso" para alertar aos administradores sobre o internauta.

YOUTUBE

Você pode marcar qualquer vídeo desse site como impróprio. Se o Youtube revisar o vídeo e considerá-lo impróprio, ele será removido. Para mais informações, vá para a página do Código de Conduta em http: //youtube.com.

Diga a seu filho para nunca marcar um encontro com alguém que conheceu on-line até você verificar quem é a pessoa e o que ela pretende. Explique que indivíduos podem ser gentis pelo telefone ou computador, mas estarem escondendo a verdadeira índole, e até querer fazer mal a seu filho.

Se o cyberbullying está ocorrendo na escola de seu filho, entre em contato com a direção. Peça à instituição uma cópia de sua política antibullying de assédio e de uso de telefone celular. Examine-as em busca de algo que se relacione aos maus-tratos sofridos por seu filho. Bullying é bullying. Não importa se ocorre no banheiro, no corredor, pelo celular ou pela internet da escola. Incentive a escola de seu filho a incluir menções ao cyberbullying em suas regras. É difícil, as escolas disciplinarem as crianças por cyberbullying se ele não ocorre no local ou no trajeto até a casa do aluno. Porém, você deve informar ao estabelecimento, de forma que os responsáveis possam ficar atentos às interações de seu filho com outras pessoas. Muitas vezes, o cyberbullying é uma extensão dos maus-tratos no colégio.

Reportar o cyberbullying à polícia

Todas as formas de cyberbullying devem ser tratadas com seriedade. Elas podem ser destrutivas ao bem-estar de seu filho, causando depressão, ansiedade sufocante, dificuldades acadêmicas e problemas de comportamento. É especialmente devastador quando seu filho também é atacado na escola e em outros ambientes.

Alguns casos de cyberbullying devem ser relatados à polícia. Quando ameaçam seu filho, fazem comentários racistas ou tentam arruinar sua reputação, devem ser denunciados. Menos de 30 por cento das vítimas conhecem seus cyberbullies, por isso eles são frequentemente ameaçados, porque o anonimato fortalece os atacantes.[9] É importante manter um registro das ameaças. Como já mencionado, impressões de tela geralmente não são consideradas provas admissíveis. No lugar delas, você deve usar um programa de monitoramento de site como o Spectorsoft.[10] Esse é um software que coleta e preserva evidência eletrônica. Porém, não instale ou remova programas nem adote outra ação remediadora em seu computador ou aparato de comunicação durante esse processo, ou isso pode afetar de maneira adversa a investigação.[11]

Tomar medidas legais

Pense bem antes de decidir adotar alguma medida legal. Esse tipo de ação consome muito tempo e dinheiro. Você levará anos e gastará milhares de dólares para mover uma ação contra um cyberbully.[12] Tente outras estratégias primeiro. O fato de recorrer a outras alternativas o ajudará no caso de decidir realmente recorrer à

142 PROTEJA SEU FILHO DO BULLYING

Justiça. Às vezes, basta ameaçar cancelar o provedor do cyberbully ou sua conta de mensagens instantâneas é suficiente para fazer a agressão parar. Porém, é possível que ocorram ocasiões em que você precisará dos serviços de um advogado. Antes de tomar essa decisão, certifique-se de ter provas gravadas em seu computador. Bill Belsey, um reconhecido especialista internacional em cyberbullying, diz que, quanto mais você salvar no computador, mais fácil será rastrear os cyberbullies. Ele sugere que você:[13]

- Salve o seguinte em um e-mail:
  Endereço de e-mail.
  Data e horário de recebimento.
  Cópias de todos os e-mails relevantes com cabeçalhos completos.

- Salve estes itens dos grupos ou comunidades:
  URL do site ou grupo ofensor.
  Nome de usuário.
  Endereço de e-mail.
  Data em que você viu o fato acontecer.

- Salve o seguinte dos perfis que você vir na web:
  URL ou perfil.
  Nome de usuário do ofensor.
  Endereço de e-mail.
  Data em que você viu esse perfil.

- Salve estes detalhes de salas de bate-papo:
  Data e horário do chat.
  Nome e URL da sala em que você estava.
  Nome de usuário do ofensor.
  Endereço de e-mail.
  Impressão de tela da sala de bate-papo.

Mantenha-se atualizado

Atualize-se sobre cyberbullying, pesquisando frequentemente na internet. Livros inteiros foram escritos sobre esse assunto, e tenho certeza de que o conteúdo deste capítulo levantou muitas questões. Ainda há muito mais por conhecer. Eu o incentivo a visitar web sites para saber mais sobre como prevenir e encerrar o cyberbullying.

A seguir alguns sites adicionais que você deve conhecer.

PostSecret. Esse site popular é o lar on-line de um projeto de arte comunitário contínuo, que estimula os usuários a registrar segredos anonimamente em um lado de um cartão postal caseiro. Novos segredos são postados no site todos os domingos. E o site já rendeu um livro. Note, porém, que alguns registros contêm imagens gráficas. (www.postsecret.blogspot.com)

Live Journal. Esse site permite que adolescentes e outras pessoas se expressem em um formato de diário on-line ou blog. Oferece conhecimento sobre a vida pessoal de nossos adolescentes. (www.livejournal.com)

Diary Project. Esse "recurso global multimídia incentiva os adolescentes a escrever sobre suas experiências diárias de crescimento". Os adolescentes podem compartilhar seus segredos mais íntimos e seus sentimentos de maneira anônima, com "honestidade, franqueza e conectividade". (www.diaryproject.com)

MENSAGENS-CHAVE

- Diga a seu filho que é importante que vocês tenham linhas abertas de comunicação um com o outro.
- Reúna informação e determine os fatos sobre eventos de cyberbullying.
- Ensine seu filho que a Regra de Ouro também se aplica ao uso da tecnologia.
- Explique regras de cyber-segurança para seu filho.
- Monitore frequentemente o uso que seu filho faz do computador e supervisione sua utilização.
- Torne certos web sites proibidos para seu filho.
- Diga a seu filho para não interagir com agressores por intermédio de celular ou computadores.
- Mantenha cópias e um registro cuidadoso de qualquer atividade de maus-tratos.
- Você pode relatar um evento de intimidação a um web site específico, seu ISP ou até mesmo à polícia.

8

Bullying na vizinhança

Caro Dr. Beane:

Meu filho de 7 anos é constantemente atormentado por um grupo de meninos de 10 anos que residem na nossa rua. Tentei conversar com os pais deles, mas, é claro, eles se negam a acreditar que os filhos são mal-educados. Tentei falar com o diretor da escola, que disse não poder fazer nada, a menos que o problema ocorra dentro da instituição. Falei com a polícia, que afirma que, por causa da idade, não há muito que possam fazer, exceto falar com os pais, o que, é claro, me leva de volta ao início. Além de me mudar, o que posso fazer para proteger meu filho?

Nos anos recentes, muito se tem escrito sobre prevenir e deter o bullying em nossas escolas. Vários estados decretaram que sejam mantidas políticas e procedimentos para denúncias e respostas a elas. Porém, a agressão na vizinhança não recebeu a atenção merecida. Todos têm o direito de se sentir seguros onde moram. Os maus-tratos ocorrem em todas as partes da comunidade — em casa, nas escolas, nas áreas de recreação, nos locais de trabalho, nas igrejas, nos bairros e assim por diante. Bullying é uma questão comum e todo os recursos da comunidade devem ser usados para preveni-lo e detê-lo. Ele não deve ser tolerado em lugar algum.

Muitos programas antibullying de qualidade incentivam o envolvimento da comunidade, mas, às vezes, eles não oferecem orientação para os pais sobre como lidar com os agressores da vizinhança. Alguns pais desesperados chegam a pensar em se mudar para locais mais pacíficos.

146 PROTEJA SEU FILHO DO BULLYING

O propósito deste capítulo é oferecer algumas estratégias a serem consideradas quando seu filho sofrer com maus-tratos na vizinhança. É claro que outras das apresentadas neste livro também podem ser utilizadas, especialmente aquelas do Capítulo 6. Algumas das que proponho a seguir são específicas a esse caso.

Ofereça apoio emocional

Seu primeiro passo é oferecer apoio emocional para seu filho e dar a ele a esperança de que o bullying irá parar. Ele precisa de ajuda, não só para lidar com os intimidadores, mas também para lidar com os próprios sentimentos e pensamentos.

Algumas vítimas se convencem de que merecem ser atormentadas. Outras até se sentem deficientes como seres humanos e esperam os maus-tratos. Deixe seu filho saber que ninguém merece sofrer bullying. Explique que os agressores tentam ferir e controlar, porque têm problemas como falta de autocontrole ou porque foram maltratados.

Mantenha a calma, mesmo estando preocupado com a segurança de seu filho. Quando você fica zangado e agitado, seu filho se preocupa. Ele vai sentir que você não é capaz de lidar de maneira apropriada com a situação, que pode até piorar.

Seja sensível ao fato de que seu filho pode se sentir envergonhado e constrangido por não ser capaz de se defender fisicamente sozinho. Em geral, existe um desequilíbrio de forças. Os valentões são mais fortes, têm poder psicológico sobre ele e frequentemente estão em grupos. Deixe seu filho saber que é normal sentir mágoa, medo e raiva. Ajude-o a expressar esses sentimentos de forma apropriada. Peça a seu filho para escrever em um diário seus pensamentos e sentimentos sobre o que aconteceu. Isso pode ser muito terapêutico.

Demonstre que você, com a ajuda de outras pessoas, vai encontrar uma solução. Não prometa manter nada em segredo. É possível que precise de ajuda. Envolva seu filho na descoberta de soluções para os maus-tratos. Às vezes as crianças têm insights fabulosos sobre seus problemas.

Envolva-o em projetos sociais ou quaisquer atividades que ajudem o próximo. Solidariedade exerce o efeito positivo sobre as vítimas de bullying. Isso os faz sentir valorizados e dá a eles a sensação de realização.

Ajude seu filho a escolher um "melhor amigo". Crianças que têm um melhor amigo sofrem menos agressão, são mais capazes emocionalmente de lidar com a intimidação e têm menos problemas de comportamento resultantes dos maus-tratos.

Auxilie-o a desenvolver um hobby que possa servir como válvula de escape emocional e expressiva e até proporcione algum prestígio social para ele. Ensine-o a identificar dons e talentos e, se possível, proporcione as oportunidades e os recursos necessários para desenvolvê-los. Demonstrar dons especiais pode propiciar aceitação. As pessoas se sentem atraídas, ou pelo menos interessadas, por aqueles que exibem talentos, principalmente se usados de maneira competente.

Tenha um plano de segurança

Quando descobrir que seu filho é vítima de bullying na vizinhança, desenvolva imediatamente um plano de segurança para ele. Primeiramente, você deve aumentar a supervisão adulta sobre seu filho. Se você não pode ficar em casa para cuidar dele, peça a alguém da família ou a um amigo de confiança no bairro para fazê-lo. Se não pode supervisioná-lo após a escola, inscreva-o em alguma atividade extracurricular para jovens, que seja monitorada por adultos de confiança e que faça um bom trabalho com crianças e jovens.

Alerte a seu filho para nunca ir ou voltar da escola sozinho, se é nesse trajeto que o bullying acontece. Peça a irmãos ou amigos mais velhos e maiores que os agressores para acompanhar seu filho, se for possível.

Peça a um aluno mais velho de sua confiança para ser mentor e supervisor de seu filho. Você pode até pagar a essa pessoa para olhar seu filho na vizinhança quando não puder estar por perto.

Diga a seu filho que evite os bullies, se possível. É algo difícil de fazer na escola, mas na vizinhança é fácil. Se ele pode evitar lugares de alto risco em horários de alto risco, deve fazê-lo. Por exemplo, se

148 PROTEJA SEU FILHO DO BULLYING

seu filho sofre maus-tratos na locadora de vídeos, diga a ele para não ir lá.

Ignorar as ofensas pode ocasionalmente deter o comportamento. Porém, isso pode simplesmente tornar o agressor ainda mais empenhado em atingir seu filho, dizendo palavras cruéis e duras, chegando a atacar os colegas fisicamente. Portanto, se disser a seu filho para ignorar o valentão, diga-lhe que seja apenas por uma semana ou duas, e peça para relatar a eficiência dessa estratégia. Certifique-se de que seu filho entende que você tem outras sugestões mais efetivas, caso não funcione.

Solicite a ele que faça relatos diários de como é tratado e que mantenha um diário dos maus-tratos. Explique que você lerá o diário todos os dias, para avaliar a coerência do que ele disse e do que escreveu sobre os eventos de bullying.

Saiba onde seu filho está e com quem está andando, e peça a ele para entrar em contato com você algumas vezes por dia por telefone. Faça perguntas: O que você fez hoje? Com quem se sentou? Com quem brincou hoje? Todos foram legais com você? Você foi legal com os outros?

Informe seus vizinhos sobre a agressão e peça a eles que observem. Forme uma patrulha de vizinhos. Encoraje-os mantendo câmeras de vídeo perto de suas janelas, para registrar os maus-tratos na vizinhança. Indivíduos aposentados podem se dispor a patrulhar os moradores.

Reúna e registre informações

É possível que você tenha de denunciar os maus-tratos sofridos por seu filho às autoridades, por isso é importante reunir e registrar informações sobre as ocorrências de bullying. Mantenha um registro de informações. Não interrogue seu filho, mas faça perguntas de maneira coloquial, para determinar o que aconteceu, quem estava envolvido, quando e onde aconteceu. Procure padrões nessas informações. Pergunte a você mesmo quais locais e horários devem ser evitados. Descubra também se alguém testemunhou o bullying. Obtenha nomes, endereços e números de telefone, se for possível. Essa é uma informação que você vai precisar transmitir às autoridades.

Tire fotos de quaisquer ferimentos e mantenha uma régua perto deles, para mostrar o tamanho. Se seu filho sofreu alguma lesão significativa, seja ela física ou emocional, leve-o ao médico, para obter um relato oficial das lesões físicas e do trauma emocional. Caso seja necessário, seu médico indicará especialistas ou psicólogos para ajudar seu filho. Mantenha um registro de todo o tratamento médico; todas as despesas, inclusive com terapia; e todos os gastos associados. Anote também se os ferimentos ou os eventos que causaram as lesões perturbaram o padrão de sono de seu filho.

A polícia nem sempre informa todas as opções legais disponíveis para os pais, por isso você pode pensar em procurar um advogado, para definir os direitos de seu filho e que recursos legais vocês têm. Por exemplo, você pode registrar uma ocorrência ou obter uma ordem de restrição. Pergunte também a seu advogado se os pais do agressor podem ser responsabilizados pelo comportamento do filho.

Compre uma microfilmadora para seu filho registrar quaisquer incidentes ou maus-tratos. Hoje em dia, elas vêm em quase todos os modelos de celulares. Explique a ele que esse é o único propósito da câmera, e que ele será punido se usar o equipamento para fins impróprios.

Converse com pessoas da comunidade e descubra tudo que for possível sobre os agressores e suas famílias. Você não precisa mencionar que seu filho foi maltratado. Essa informação dará a você algum conhecimento ou compreensão relacionados ao comportamento da criança e ajudará a explicar a seu filho por que o bully se empenha em ferir outras pessoas. É possível que você descubra que os pais do intimidador são bons pais e não ficariam nada satisfeitos se soubessem que o filho está maltratando outras pessoas.

Converse com outros pais. Talvez outras crianças sofram com os ataques desses mesmos indivíduos. Peça a eles para manter um registro dos maus-tratos. Examine as informações em busca de padrões coerentes (pessoas envolvidas, horários, localizações e assim por diante). Determine o que eles têm feito para prevenir e deter os maus-tratos. Pensem juntos em maneiras de se unir para proteger seus filhos. Talvez haja alguma ação que vocês possam adotar como um grupo.

Entre em contato com as autoridades

Caso seu filho venha sendo fisicamente atacado, faça uma denúncia. Às vezes você nem precisa fazer um registro formal na polícia. Você pode expressar a queixa verbalmente e, quando a vítima é menor de idade, eles obtêm permissão para conversar com o agressor. Verifique se é possível formalizar a queixa, a quem você deve enviá-la e quem se encarrega de acompanhar as políticas e os procedimentos legais decorrentes dessa denúncia. Caso seja possível realizar uma reclamação formal, inclua as fotografias das lesões de seu filho, a documentação de áudio e/ou vídeo, comprovando os maus-tratos, e seu registro de informações. Toda essa anotação será importante se você for aos tribunais, mas no caso de uma queixa sem processo pode ser desnecessária. Em alguns casos, você vai fazer seu relato a um representante do Conselho Tutelar. Esse indivíduo normalmente se abstém de atribuir culpas, atendo-se à busca de soluções para o conflito. Isso dá aos valentões uma chance de evitar o tribunal. No caso de jovens maiores de 18 anos, cabe a aplicação de penas alternativas, como, por exemplo, a prestação de serviços comunitários, ao lado de medidas cautelares para manter o agressor afastado da vítima. Na hipótese de o ofensor ser menor de 18 anos, aplicam-se medidas socioeducativas. Infelizmente, nem sempre são significativas o bastante para deter a agressão. Quando o contrato é quebrado, medidas mais severas são aplicadas. Caso os bullies neguem o que foi relatado, têm a opção de ir ao tribunal, em vez de assinar o contrato. Muitos preferem não ir aos tribunais. Eles sabem que são culpados e que sua culpa se tornará óbvia pela existência de provas. Também correm o risco de receber do juiz uma punição mais severa (prisão, por exemplo, para os maiores de 18 anos). Essa detenção pode variar de dois dias a algumas semanas. Se o período for superior a trinta dias, o ambiente da detenção passa a ser menos restritivo (como um acampamento de jovens, por exemplo).

Os agentes da lei podem ser muito úteis. As leis de assédio e ataque se aplicam a pessoas de todas as idades. Os policiais não precisam testemunhar um incidente ou ter provas de maus-tratos para poder conversar com um bully. Você pode solicitar aos agentes da lei para discutirem a situação com o agressor. Se for menor de idade, os oficiais pedirão, antes, a autorização dos pais para conversar com ele. Os pais do intimidador não precisam estar presentes no questionamento, mas esse é um procedimento comumente adotado por bons policiais. Eles sempre lerão seus direitos, mesmo quando não houver uma queixa formal por escrito. Como foi mencionado no e-mail no início deste capítulo, às vezes os pais são informados de que a escola não tem poder ou autoridade para lidar com os maus-tratos que ocorrem fora de seus limites. Então, como eles podem ajudar? Em primeiro lugar, a escola deve tomar algum tipo de atitude, especialmente se seu filho estiver indo ou voltando da escola. Eles são legalmente responsáveis por seu filho durante esse trajeto.

Muitos sistemas escolares trabalham com os pais e com agências cooperativas (como entidades de defesa da lei e grupos de patrulha na vizinhança), para garantir a segurança das crianças no trajeto entre a casa e a escola. Por exemplo, o sistema escolar pode treinar voluntários para implementar um programa de "Escolta Escolar", no qual adultos acompanham e supervisionam os alunos no trajeto entre a escola e suas casas e nos arredores da escola.

Mesmo que seu filho sofra bullying na vizinhança em outros horários, a escola ainda pode agir. Informe a escola de seu filho sobre o problema. Se os agressores frequentam a escola de seu filho, os professores e funcionários terão de monitorar a interação entre eles e seu filho. Peça a eles para indicar alguém na escola a quem seu filho pode fazer relatos diários sobre a situação. No início, isso pode ocorrer semanalmente e depois, mensalmente, quando a situação melhorar. As crianças vítimas de maus-tratos podem apresentar problemas de comportamento, por isso é importante informar a escola sobre a situação. Isso pode ajudá-los a entender e lidar com a conduta de seu filho, caso haja algum tipo de conflito no futuro.

Outras sugestões

● Use o bom senso na hora de entrar em contato com os pais dos agressores. Alguns são excelentes e vão lidar com o problema, mas, às vezes, eles não entendem e se negam a cooperar. Veja o Capítulo 6 para mais informações sobre como lidar com os pais do bully, se optar por esse caminho.

● Não estimule seu filho a retaliar. Ele pode tentar igualar o desequilíbrio de forças com uma arma. Pode se machucar ou cometer algum atentado contra o bully de que possa se arrepender. Tal recomendação mostra a seu filho que a violência é o caminho para lidar com os ataques. E também o faz pensar que ele está sozinho para enfrentar a situação. Ele precisa saber que não está sozinho e que os adultos terão de se envolver na busca por uma solução.

● Ensine seu filho a ser assertivo, sem ser agressivo. Veja o Capítulo 6 para obter dicas específicas sobre como responder aos bullies. Ajude seu filho a encenar essas estratégias e escolha aquelas que pareçam melhores para ele.

● Envolva seu filho em atividades que o mantenham longe dos bullies da vizinhança. Isso também proporcionará uma oportunidade para ele fazer amigos que o apoiam e com quem ele poderá conversar.

● As crianças hesitam em contar aos pais sobre o bullying. Quando o fazem, é comum que tenham chegado ao limite de suas forças; algumas até perderam a esperança de que um dia as coisas serão melhores. Procure por sinais de depressão em seu filho e não hesite em buscar ajuda profissional para ele.

● Ajude seu filho a adquirir força física, autoconfiança e autoestima. Ensine a ele como andar ereto e evitar parecer um alvo fácil.

● Monitore o comportamento de seu filho com os outros. Às vezes vítimas de bullying passam a maltratar outras pessoas. Não admita que isso aconteça. Lembre seu filho de cumprir a Regra de Ouro — trate os outros como quer ser tratado.

- Pergunte a si mesmo se seu filho está fazendo algo para provocar os bullies. É algo que seu filho pode parar de fazer?

- Promova uma reunião da comunidade para tratar da prevenção dos maus-tratos. Convide um especialista no assunto para falar sobre a natureza do bullying, seu poder destrutivo, por que ele deve ser prevenido e detido nas vizinhanças, e qual é o papel dos membros da comunidade. Convide os pais de sua comunidade, agentes da lei, professores e funcionários da escola, representantes de organização de cunho religioso, e incentive todos a contribuir com ideias.

- Considere a hipótese de ensinar as crianças da vizinhança a andarem juntas e se protegerem com meios não violentos. Elas se tornarão espectadores dotados de poder. Se outras crianças testemunham a intimidação e a ignoram, elas são parte do problema. Veja o Capítulo 11, para mais dicas sobre como investir de poder os espectadores.

- Peça às igrejas de sua comunidade para discutir o bullying e ressaltar a importância de se acatar e cumprir a Regra de Ouro. Sou ministro ordenado e sempre falo sobre isso nas igrejas. Falo para adultos e jovens. Se você é uma pessoa religiosa, ore por seu filho e pela modificação dos agressores. Peça às igrejas locais para inserir a questão dos maus-tratos em sua lista de preces.

- Os bullies também precisam de ajuda, por isso você pode procurar programas comunitários para tentar ajudar jovens problemáticos e se aproximar dos bullies. Ajudando os agressores a mudar, você estará ajudando seu filho.

- Peça às escolas para implementar um programa antibullying e convidar um especialista no assunto para falar aos estudantes, pais e professores. O bullying na vizinhança frequentemente começa na escola.

154 PROTEJA SEU FILHO DO BULLYING

• Divida com seu filho as outras estratégicas mencionadas neste livro. Procure também na internet algum material útil. Não desista, diga a seu filho que você o ama e abrace-o muito todos os dias. Passe tempo com ele e se informe sobre seu dia.

MENSAGENS-CHAVE

- O bullying é assunto de interesse da comunidade e todos os recursos devem ser empregados para sua prevenção e interrupção.
- Proporcione apoio emocional a seu filho e dê a ele esperança de que o bullying irá parar.
- Deixe seu filho saber que ninguém merece ser maltratado.
- Explique que os agressores procuram atingir outras pessoas e tentam ter poder e controle sobre elas.
- Tire fotos de todos os ferimentos e segure uma régua perto deles para mostrar seu tamanho; leve seu filho ao médico para documentar os ferimentos e os traumas causados pela experiência.
- Se seu filho sofre assédio ou ataques físicos, faça uma denúncia ao Juizado de Menores.
- Quando descobrir que seu filho é vítima de maus-tratos, desenvolva imediatamente um plano de segurança para ele.
- Inicie um programa de vigilância na vizinhança.
- Use tecnologia para documentar os maus-tratos.
- Solicite à escola que implemente um programa antibullying.
- Peça às escolas que providenciem patrulhamento nas áreas de sua competência.
- Peça à escola para implementar um Programa de Escolta Escolar.
- Promova uma reunião da comunidade para tratar da prevenção do bullying.
- Considere ensinar às crianças da vizinhança a se unirem e se protegerem, adotando métodos não violentos.

9

Dicas de apoio para irmãos

Caro Dr. Beane:
Você fez duas palestras nas escolas que meus
filhos frequentam. Falei com você algumas vezes
sobre os problemas de bullying existentes em
nosso bairro e que afetam meus filhos. Tenho
três filhos que são vítimas de bullying. Minha filha
mais velha escreve poesia e me deu um poema
que ela compôs para uma aula de inglês. Parte
dele é ficção.

Tarde demais

Voltando da escola para o apartamento,
Penso em quem será o próximo a encontrar os
    sanguinolentos.
Professores e diretor não querem ligar,
Mas, quando se encontram essas pessoas, impossível
    não olhar,
Sem compreender a origem de tanta antipatia,
De crianças tamanha ameaça, quem imaginaria?

Finalmente chego em casa,
Silenciosa e lentamente, eu me esgueiro para dentro
    como um rato.
Espero que ele não tenha se tornado alvo de uma luta.

Em pânico, como uma criança pequena, chamo por
    minha mãe.
Ela não sabe sobre o desaparecido Tom.

A polícia é meu próximo chamado,
Parece que não vou ao shopping.

Depois, tudo que pude fazer foi me sentar e esperar
Tom chegar em casa, enquanto especulo sobre
  seu destino.
O relógio anuncia quatro horas,
E ninguém bateu à porta.
O silêncio é rompido, toca o telefone,
Minha mãe atende e choraminga alguma coisa.

Quando consigo entender tudo,
Jogo no chão o telefone, grito e berro.
As palavras ecoam em minha cabeça:
"Tom foi espancado e está morto."
Não é da minha natureza odiar ou matar,
Mas foi nisso que pensei, é nisso que ainda penso.

— De uma irmã preocupada

Esse poema transmite o importante impacto que o bullying sofrido pelo irmão exerceu sobre essa jovem, e comunica sua dor, seu medo, sua frustração e a raiva que muitos podem experimentar quando veem um parente ser maltratado. Eles também se sentem impotentes e precisam ser fortalecidos para apoiar e incentivar irmãos e irmãs.

Se seu filho é vítima de bullying, obtenha permissão para compartilhar a seguinte informação com os irmãos dele. De fato, essa informação deve ser compartilhada com todos os seus filhos, antes de alguém ser maltratado.

• Sempre que seu irmão falar com você sobre os maus-tratos, sinta-se especial. Vítimas de maus-tratos normalmente preferem dividir essa informação com amigos, não com irmãos. Saber do bullying dá a você a oportunidade de desempenhar um importante e útil papel na vida dele. Ele nunca esquecerá como você o ajudou.

Dicas de apoio para irmãos **157**

- Não ironize ou subestime a situação. O bullying é sério e pode causar problemas de saúde física e emocional. Ele é destrutivo ao bem-estar dos indivíduos e produz escolas inseguras.

- Não prometa guardar segredo sobre a agressão. Diga a seu irmão que você o ama e se importa muito com ele para não contar. Diga a ele que você tem a obrigação de contar a seus pais ou a um adulto de confiança, mas que vai tentar assegurar que a situação seja tratada de maneira apropriada.

- Tenha certeza de que ele percebe que o bullying não é sua culpa e que ele não tem o dever de tratar do problema sozinho. O problema não é só dele. Os adultos devem se envolver. Foi comprovado muitas vezes que, quando os adultos se envolvem, o bullying pode ser prevenido e contido. Incentive-o a contar a seus pais ou a um adulto de confiança. Diga a ele que você o acompanhará e apoiará. Se ele quiser, pode contar também a alguém na escola. Ele pode levar um amigo de confiança como companhia, quando for contar a um adulto. E pedir ao adulto para guardar segredo sobre seu nome.

- Mesmo que ele diga que vai contar aos pais mais tarde, mantenha um registro daquilo que ele compartilhar com você. Registre o que aconteceu, onde e quando aconteceu. Registre também quem estava envolvido (incluindo testemunhas). Pergunte se ele falou com algum adulto sobre o assunto. Se comentou, verifique se os adultos tomaram alguma providência e qual foi. Obter respostas a essas questões vai facilitar o compartilhamento de informação com seus pais ou outro adulto de confiança. Escreva esses dados, assim que puder. Não sobrecarregue seu irmão emocionalmente fazendo muitas perguntas.

- Se você frequenta a mesma escola que seu irmão, tente defendê-lo verbalmente. Seja assertivo com o agressor, mas não o ameace. Conte a seus amigos que são maiores e mais fortes que o valentão, pois eles o ajudarão a defender seu irmão de maneira assertiva e não violenta. Se parecer apropriado, leve seus amigos para exigir que ele deixe seu irmão em paz. Não comece uma briga, mas seja firme. Diga a seu irmão para informá-lo se o agressor disser alguma coisa sobre o confronto e, se for procurá-lo para debochar ou provocar por ele ter pedido sua ajuda e a de seus amigos, ele pode responder com alguma coisa como, "Não é ótimo ter amigos assim?", e depois se afastar, confiante.

• Seja um bom ouvinte. Procure entender os sentimentos de seu irmão e passar algum tempo com ele em atividades depois da escola e nos finais de semana. Não sinta que precisa responder a todos os comentários. Simplesmente, indique que compreende o sentimento que está por trás das palavras.

• Mantenha comunicação aberta com seus pais. Mantenha-os informados sobre os maus-tratos sofridos por seu irmão. Não exagere. Apenas compartilhe os fatos.

• Quando ouvir fofocas sobre seu irmão ou sua irmã, fale sobre isso com seus pais e irmãos. Tenha em mente que a melhor maneira de conter os rumores é confrontar as pessoas que os espalham — informar essa pessoa que ele está causando sofrimento a alguém.

MENSAGENS-CHAVE

- O irmão não deve zombar ou subestimar a situação.
- O irmão não deve prometer guardar segredo sobre o bullying.
- O irmão deve encorajar o irmão ou a irmã a contar a um adulto, ou se oferecer para contar a um adulto.
- Se for maior e mais forte, o irmão pode tentar defender de maneira assertiva o irmão ou a irmã.
- O irmão pode recrutar amigos maiores e mais fortes que o agressor, para ajudar a defender seu irmão de maneira assertiva e não violenta.
- O irmão deve ser um bom ouvinte.
- O irmão deve manter comunicação aberta com o irmão ou irmã e com os pais.

10

Quando é o seu filho que maltrata os outros

Caro Dr. Beane:

Em seu site, você recomenda aos pais das vítimas para não entrarem em contato com os pais do agressor, a menos que saibam que eles agirão para corrigir o comportamento de seus filhos. Considero isso ofensivo. Parece sugerir que todos os pais de bullies são pais ruins. Nosso filho tem 5 anos e maltrata outras crianças. Tentamos de tudo para modificar esse comportamento. Nada funciona. Agora, ele está recebendo ajuda profissional. Só queria que você soubesse que nem todos os pais de intimidadores são ruins. Quando falar para muitas pessoas, pode, por favor, compartilhar com eles esse fato?

O pai que me enviou esse e-mail está correto; como mencionei várias vezes neste livro, é errado presumir que todos os pais de bullies são ruins. Quando bons pais descobrem que seu filho está maltratando outras pessoas, é algo chocante, devastador, inacreditável e inquietante. Mas bons pais podem ter filhos que cometem erros, e esses pais querem saber quando seus filhos maltratam outras pessoas. Afinal, crianças que maltratam correm o risco de adotar outras formas de comportamento antissocial, como delinquência juvenil, criminalidade e abuso de drogas. De fato, podem até correr o risco de ter problemas de saúde. Portanto, se seu filho é um bully, você deve ajudá-lo a mudar.

160 PROTEJA SEU FILHO DO BULLYING

Se seu filho é vítima, corre o risco de se tornar um agressor. Portanto, este capítulo é relevante para pais, tanto de vítimas quanto de agressores.

Possíveis sinais de alerta de que seu filho está maltratando outras pessoas

É crucial perceber os sinais de que seu filho adotou atitudes e pensamentos que levam a um comportamento destrutivo ou pernicioso, como o bullying. Alguns desses sinais de alerta estão aqui. Seu filho pode ser um bully se:

- Gosta de se sentir poderoso e no controle da situação.
- Procura dominar ou manipular outras pessoas (ou os dois).
- Vangloria-se de sua superioridade real ou imaginada sobre os colegas.
- É popular com outros alunos que invejam seu poder.
- É impulsivo, se zanga com facilidade e tem pouca tolerância à frustração.
- Adora vencer, odeia perder e é mau vencedor (exibido).
- Parece obter satisfação ou prazer com o medo, o desconforto ou a dor dos outros.
- Parece exageradamente preocupado com o "desrespeito" dos outros por ele; compara respeito a medo.
- Parece ter pouca ou nenhuma empatia ou compaixão pelos outros.
- Parece ser incapaz de ver as coisas do ponto de vista alheio, ou "estar na pele de outra pessoa".
- Parece disposto a usar e abusar de outras pessoas, para conseguir o que quer.

Quando é o seu filho que maltrata os outros 161

- Defende suas ações negativas, insistindo em dizer que os outros "mereciam", "pediram por isso" ou "as provocaram"; um conflito é sempre culpa da outra pessoa.

- Consegue esconder comportamentos negativos ou adotá-los quando os adultos não podem vê-lo.

- Fica exaltado quando surge um conflito entre outras pessoas.

- Mantém a calma durante conflitos nos quais está diretamente envolvido.

- Exibe pouca ou nenhuma emoção quando fala de sua participação em um conflito.

- Culpa outras pessoas por seus problemas.

- Recusa-se a aceitar responsabilidade por seu comportamento negativo.

- Mostra pouco ou nenhum remorso por seu comportamento negativo.

- Mente para tentar se livrar dos problemas.

- Espera ser "mal compreendido", "desrespeitado" ou maltratado; ataca antes que possa ser atacado.

- Interpreta atos ambíguos ou inocentes como propositais e hostis; usa-os como desculpa para atacar verbal ou fisicamente outras pessoas.

- "Testa" sua autoridade, cometendo pequenas infrações; depois espera, para ver como será a sua reação.

- Ignora ou desrespeita regras da sala de aula e da escola.

- É geralmente desafiador ou faz oposição a adultos.

- Procura atenção ou precisa dela e parece obter satisfação tanto de atenção negativa quanto de positiva.

- Atrai mais atenção negativa dos outros; é disciplinado com mais frequência que as outras crianças.

162 PROTEJA SEU FILHO DO BULLYING

- Parece preocupado principalmente com o próprio prazer e bem-estar.

- Parece ser antissocial.

- Tem uma rede próxima de amigos (na verdade, "seguidores" ou "comandados") que fazem tudo que ele quer, mesmo que seja errado.

O que você pode fazer

Em primeiro lugar, deve rever o material nos Capítulos 3 e 4. É possível que descubra necessidades que devem ser preenchidas e alguns tópicos que precisa revisar com seu filho.

Em seguida, tenha cuidado ao rotular seu filho de bully. Não acredito que as crianças devam ser rotuladas de "agressoras" nem de "vítimas". Devemos apenas identificar pontos fracos e problemas que uma criança apresenta e tratar deles. Se as rotulamos como bullies, elas se comportarão de acordo com o rótulo.

Sinta-se grato por saber a respeito dos maus-tratos, e trate o problema com seriedade. Não o ignore, e não negue a possibilidade de seu filho ser um agressor. Você não deve ficar na defensiva. Quando alguém expressa desaprovação com relação ao comportamento de seu filho, não veja como um ataque sua forma de educar. Bons pais não são perfeitos e crianças não são perfeitas. Ser pai ou mãe é uma das tarefas mais difíceis do mundo, e os filhos são seres humanos complexos que estão sempre explorando os limites do comportamento, especialmente quando estão longe dos pais. Encarando os fatos com seriedade, você aumentará a probabilidade de seu filho ser feliz. Você pode ou não ter observado o comportamento de bullying em seu filho. Os bullies tentam não se comportar assim na presença de adultos, especialmente diante dos pais que costumam aplicar consequências para conduta imprópria. Isso é característico das meninas agressoras. Quanto mais tempo você passar discutindo o bullying com seu filho, mais fácil será para ele conversar com você. Além disso, elogie-o sempre pela disponibi-

Quando é o seu filho que maltrata os outros **163**

lidade de compartilhar informações com você, mesmo que elas o decepcionem.

Se alguém lhe disser que seu filho intimida ou maltrata outra criança, não fique aborrecido ou zangado. Tente manter a calma e procure não mostrar raiva na expressão facial, ou pelo tom de voz. Disponha-se a acreditar que seu filho maltratou outras crianças. Todas as crianças têm a capacidade de se tornar intimidadores. Pode ser que seu filho esteja apenas seguindo o exemplo de outros. Ou temer não participar do bullying. Pergunte a ele se tem medo de se tornar uma vítima. É mais fácil modificar o comportamento de um seguidor do que o de um bully.

Tente descobrir por que seu filho está maltratando outras pessoas. Procure as causas. Por que isso é importante? Quando descobrir as causas, você será capaz de aplicar as estratégias oferecidas neste livro para reverter o comportamento. Você deve envolver seu filho nessa jornada para descobrir as razões de seu comportamento. Porém, não esqueça que a maioria das crianças envolvidas na prática do bullying costuma minimizar ou negar o fato. Não aceite desculpas como "Foi só uma brincadeira" ou "Ela atrai esse tipo de coisa". Não deve haver nada de engraçado ou divertido em difamar ou insultar alguém. Ninguém merece ser maltratado, nem mesmo aqueles que provocam seu filho ou aqueles de quem ele não gosta. A Regra de Ouro não diz para tratar os outros como quer ser tratado só se os outros não o irritarem.

Para descobrir as razões do bullying, é necessário fazer algumas perguntas a si mesmo e a seu filho. Mais uma vez, os Capítulos 3 e 4 serão muito úteis nesse esforço. A seguir, algumas questões que você pode fazer a si sobre seu filho:

- O que estava acontecendo imediatamente antes de meu filho se comportar mal e que pode ter provocado esse comportamento?

- O que acontece imediatamente depois de meu filho se comportar mal e incentivar a continuidade desse comportamento?

- Meu filho está agindo motivado por raiva? Meu filho é uma criança raivosa?

- Meu filho se comporta mal para chamar a atenção?

164 PROTEJA SEU FILHO DO BULLYING

- O comportamento do meu filho é motivado por egocentrismo ou inveja? Meu filho carece de autocontrole?

- Meu filho está testando meus limites com seu comportamento impróprio?

- Falta a meu filho solidariedade e sensibilidade com relação ao comportamento de outras pessoas?

- Meu filho está assistindo a muita violência nos filmes e videogames?

- Há padrões em seu comportamento (pessoas com quem está, horários, dias, lugares e assim por diante)?

Há questões que você e seu cônjuge (se for casado) precisam fazer sobre si mesmos, como as seguintes:

- Meu filho está me imitando ou alguém na casa?

- Meu filho é maltratado em casa e por isso leva sua raiva para extravasar nos outros na escola?

- Ensinamos a nosso filho a Regra de Ouro?

- Nós o ajudamos a desenvolver solidariedade e sensibilidade pelos sentimentos alheios?

- Nós o ajudamos a desenvolver autocontrole, estabelecendo limites coerentes para seu comportamento?

- Aplicamos consequências negativas para comportamentos inadequados?

- Temos sido excessivamente críticos?

- Elogiamos e recompensamos seu comportamento apropriado?

- Ensinamos a ele como expressar seus sentimentos de maneira apropriada?

- Ensinamos a não ser preconceituoso e respeitar todos como pessoas de valor?

Lembre-se de que os bullies maltratam outras pessoas por muitas razões, sendo as mais comuns (1) ter poder e controle; (2) ferir; (3) expressar sentimentos de raiva, insegurança, solidão e assim por diante; (4) pela diversão. Às vezes, as crianças maltratam outras porque pais e irmãos as maltratam em casa. Ocasionalmente, atacam irmãos porque são maltratadas na escola.

Pergunte a seu filho se há alguma coisa que o está deixando aborrecido, zangado ou triste. Pergunte se ele sente que essas coisas o fazem ferir outras pessoas. Se seu filho é pequeno, ele pode ser mais capaz de se expressar por desenhos ou brincadeiras. Por exemplo, você pode notar que, quando ele está "brincando de escola" com os bonecos, parece usar muitas palavras ríspidas ou cria interações carregadas de rancor.

Quando o momento parecer oportuno, pergunte a ele sobre o incidente do bullying e descubra o que aconteceu. Evite usar afirmações com "você". Quando você começa as afirmações dessa maneira, seu filho pode se sentir atacado. Certifique-se de ouvir a descrição de seu filho sobre o que aconteceu, sem interromper. Ouça o que a criança diz sobre suas ações e a ação da(s) vítima(s). Tente encontrar respostas para as seguintes questões, que, não por coincidência, são muito semelhantes àquelas às quais você teria de responder se seu filho fosse vítima de agressão.

- Quem está envolvido?

- O que foi dito e feito por seu filho e pelos outros?

- O que aconteceu ou costuma acontecer imediatamente antes da ocorrência dos maus-tratos?

- Quais eram os espectadores e o que disseram e fizeram?

- Quando o bullying aconteceu ou acontece?

- Onde ele aconteceu ou acontece?

- Havia alguma supervisão adulta?

- Há no local câmeras de vídeo que registrem as atividades?

166 PROTEJA SEU FILHO DO BULLYING

- O que aconteceu ou costuma acontecer depois do evento de bullying?

- Quem foi informado sobre a situação, e o que fez (se é que fez alguma coisa)?

- Há quanto tempo isso acontece?

Evite reação intempestiva aos comentários de seu filho. Depois de ouvi-lo, faça perguntas para preencher as lacunas, mas não o interrogue. Não sobrecarregue a criança emocionalmente, fazendo muitas perguntas ao mesmo tempo. Você pode descobrir que ela está maltratando outras pessoas. Espere o momento oportuno para perguntar por que ela acha que o bullying acontece. Se perguntar cedo demais, seu filho pode não compartilhar tudo com você ou não lhe dizer a verdade. É importante ter os dados sobre o que aconteceu. Às vezes, as crianças omitem informações críticas que afetam nossa compreensão do ocorrido. Tenha em mente que a linha de questionamento que começa por "Por que você fez...?" raramente funciona, mesmo que seja com adultos. Se a conversa ficar tensa, faça um intervalo para que todos se acalmem.

Descubra o que outros pais e alunos sabem sobre os indivíduos que alegam ter sofrido bullying. Quando conversar com eles, não mencione os maus-tratos; apenas obtenha informação de um jeito informal. Não critique os indivíduos que se dizem vítimas.

Se os pais das vítimas deram à escola um registro especificando datas e horários em que seu filho maltratou outras crianças, peça uma cópia desses dados e examine-os atentamente. Se continuar recebendo relatórios sobre o comportamento de seu filho, mantenha um registro próprio dos eventos de agressão. Isso facilitará a verificação dos fatos.

Peça a seu filho para escrever em um diário ou caderno seus pensamentos e sentimentos sobre o que aconteceu. Peça permissão para ler o que foi escrito. Ajude-o a trabalhar opiniões sobre o bullying. Você pode, então, comparar anotações desse diário com suas conversas e com as informações divulgadas por terceiros.

Ajude-o a admitir seus erros. Por exemplo, é possível que ele ponha a culpa nas vítimas e não note o próprio temperamento explosivo, a falta de autocontrole, desrespeito e de sensibilidade. Auxilie-o a examinar os fatos e suas percepções sobre o que aconteceu.

Seu filho se sente envergonhado, constrangido com o próprio comportamento? Isso não costuma acontecer com bullies agressivos. Porém, algumas crianças acabam maltratando outras "porque todo mundo faz isso". Se seu filho está se unindo ao bullying para ser popular, diga a ele que bondade e integridade são mais importantes que popularidade. Se ele se arrepende do que fez, elogie seus sentimentos e desenvolva um plano de ação (incluindo pedidos de desculpas e restituição de pertences). Explique que você aprecia suas qualidades, mas, porque o ama, sabe que deve haver consequências para seu comportamento. Diga a ele para pedir desculpas pela agressão e reparar seus erros, o que pode ser feito verbalmente ou por escrito. Explique que você irá verificar se a vítima recebeu o pedido de perdão. Diga-lhe que a capacidade de admitir os próprios erros é reflexo de um bom caráter, mesmo que a vítima não aceite — mostre-lhe que fez o certo.

Aplique consequências negativas às agressões, como a remoção de privilégios, obrigá-lo a restituir objetos e assim por diante, com medidas que sejam proporcionais à severidade do ato, à idade e ao estágio de desenvolvimento do seu filho. Encontrar os castigos justos pode ser difícil, porque, para algumas crianças, até o bullying "moderado" tem efeito devastador. Às vezes, conversar com seu filho não é eficiente. Essas punições devem ser administradas de maneira coerente e afetuosa, não no calor do momento. Você também deve elogiar seu filho sempre que se comportar bem. O elogio é muito poderoso.

Diga a seu filho que a reputação de uma pessoa é mais valiosa que ouro. É importante que ela tenha um bom nome; e explique que as pessoas lembrarão para sempre de como ele as tratou. Discuta como os maus-tratos são lembrados por toda uma vida, e discuta as desvantagens de criar recordações como essas na memória de outras pessoas. Enfatize como tudo isso pode afetar seu futuro, como a bondade é lembrada por uma vida inteira. Fale das vantagens de criar lembranças positivas nos outros. Peça a ele para descrever sua atual reputação com relação a como trata os outros. Pergunte: "Quando as pessoas ouvem seu nome, o que elas lembram e o que pensam?"

Se seu filho é um agressor na escola, diga-lhe que apoiará a direção na aplicação de penalidades e não oferecerá desculpas para seu comportamento. Pode considerar suspensão ou expulsão. Se você tiver uma cópia do regulamento antibullying da escola, leia esse material com seu filho e explique-o à criança. Certifique-se de que ele entende as consequências. Explique também que você pode aplicar medidas adicionais.

Dependendo da idade de seu filho e da natureza das intimidações, diga a ele que existem consequências legais por maltratar outras pessoas. Se os maus-tratos forem muito sérios, os pais de algumas vítimas podem registrar uma ocorrência por agressão ou ataque, ou obter uma ordem de restrição para impedir que seu filho se aproxime delas.

Pergunte a ele se tem alguma ideia sobre o que deve acontecer para que os maus-tratos cessem. As crianças costumam ser muito perceptivas e apresentam excelente conhecimento de seus problemas sociais. Anote as sugestões de seu filho e reveja-as, examinando os pontos negativos e positivos de cada uma.

Lembre a ele que, normalmente, são pessoas que se sentem pequenas, assustadas, fracas e impotentes que recorrem à violência e à vingança. Explique que alunos agredidos atacaram outras pessoas. Quando se vingam, eles vão atrás daqueles que os maltrataram e acabam sempre ferindo espectadores inocentes.

Comunique a tolerância zero ao bullying. Estabeleça limites e interrompa imediatamente qualquer conflito. Seu filho se beneficiará com isso, embora jamais reconheça: ele se sentirá mais seguro com a imposição de limites. Os limites acrescentarão estrutura em sua vida, proporcionando a sensação de que as coisas são controláveis. Quando não há controle, a vida parece imprevisível, e seu filho pode sentir que qualquer coisa é capaz de acontecer com ele. Seu filho pode maltratar outras crianças para ter domínio sobre os relacionamentos.

Ensine seu filho a controlar a raiva e se retirar de situações que o enfureçam. Reveja com seu filho as técnicas de controle da raiva relacionadas no Capítulo 4. Ajude-o a encontrar formas não agressivas de expressar seus sentimentos. Diga a ele para usar as estratégias discutidas nesse mesmo capítulo. Além disso, peça-lhe que repita mentalmente as afirmações listadas aqui:

Afirmações positivas

- Posso criar lembranças positivas que vão durar para sempre na mente das pessoas.

- Posso controlar minha raiva.

- Posso ter poder e controle fazendo coisas boas, como ajudar os outros.

- Não preciso maltratar os outros só porque me sinto maltratado.

- Terei mais amigos verdadeiros se for gentil com os outros e controlar minha raiva.

- Não vou magoar outras pessoas quando estiver zangado.

- Tenho um bom coração e posso segui-lo.

- Posso ser gentil com os outros.

- Hoje será um bom dia e vou tratar bem os outros.

- As pessoas são boas e hoje vão me tratar bem.

- As pessoas me tratam com respeito quando eu as trato com respeito.

- Quando fico zangado, converso com um adulto sobre isso.

- Quando estou frustrado e tenho pensamentos ruins, converso com um adulto sobre isso.

Assegure-se de dar a ele uma boa noite de descanso. A falta de sono afeta o autocontrole e a capacidade de decisão, podendo interferir no relacionamento de seu filho com os outros. A falta de sono também altera o humor e os sentimentos, o que pode afetar o comportamento.

Incentive seu filho a praticar exercícios físicos regularmente e se alimentar de maneira correta. É essencial que seu filho permaneça saudável; isso o ajudará a lidar com o estresse de forma positiva, sem extravasar nos outros.

Fique atento. O bullying também ocorre por computador ou telefone, o que dificulta a supervisão do comportamento de seu filho em certas circunstâncias. Portanto, quando não puder observar seu filho, faça perguntas e examine seus pertences, em busca de material impróprio e padrões de possíveis maus exemplos.

Dê a seu filho algo construtivo para fazer em casa. Delegue tarefas e comunique suas expectativas sobre como e quando elas devem ser realizadas. Isso vai ajudá-lo a desenvolver o senso de responsabilidade e se sentir valorizado. Expresse seu reconhecimento por ele ser útil e confiável. Isso ajudará a reforçar o comportamento positivo em seu filho.

Reúna-se com outros pais de agressores e procurem se ajudar mutuamente. Você pode se beneficiar desses relacionamentos. Dividindo estratégias eficientes para seu filho, você descobrirá quem é mais atuante na prevenção dos maus-tratos na escola.

Um terapeuta pode ser útil nesse momento. O orientador da escola nem sempre tem tempo para lhe dar a atenção necessária, por isso talvez seja mais adequado procurar um profissional fora da escola. Se você é membro de alguma organização religiosa, talvez prefira o aconselhamento pastoral para seu filho.

Se decidir mandar seu filho a um terapeuta, tente prepará-lo para o primeiro encontro. Reveja com ele as seguintes questões: O que aconteceu? Com que frequência você maltrata os outros? Há quanto tempo está maltratando outras pessoas? Quando e onde isso ocorre? Quem está envolvido? O que fazem os espectadores? O que você sente sobre essa situação? Isso faz você se sentir bem ou mal? O que acha que deve ser feito? Que adultos você acha que podem ajudá-lo?

Fale com os pais das vítimas e peça desculpas pelo comportamento de seu filho. Você pode até levar seu filho e sugerir que ele peça desculpas à vítima e aos pais dela. Explique que você pretende fazer tudo para impedir a recorrência de bullying. Pergunte a eles se há alguma informação que eles queiram compartilhar com você. Se o momento parecer apropriado, divida com eles todos os dados que

Quando é o seu filho que maltrata os outros   171

tiver em mãos e compare. Prepare-se para ouvir algumas palavras desagradáveis ou difíceis de aceitar sobre seu filho. Agradeça aos pais pelas informações. Não prolongue demais a visita. Se os pais estiverem muito contrariados, peça desculpas novamente e diga a eles que voltará em outra ocasião.

Promova atividades antibullying em sua comunidade. Sugira que o bullying seja introduzido na agenda de um encontro e que um orador convidado participe, falando sobre o tópico. Peça a organizações de pais, cívicas ou corporações locais para patrocinar um workshop antibullying ou a compra de material sobre o assunto, como livros, pôsteres e panfletos para o sistema escolar ou para a escola.

Quando ficar claro que seu filho está tentando se esforçar para melhorar, as crianças que praticam o bullying podem tentar provocá-lo e convencê-lo a voltar a maltratar os outros. Previna seu filho sobre essa possibilidade. Ensine a ele sobre a necessidade de se livrar rapidamente dessas situações. Enfatize que deve ser assertivo e se recusar a permitir que outras pessoas controlem suas atitudes.

Monitore o paradeiro de seu filho e aumente a supervisão de suas atividades. Se necessário, acompanhe-o até a escola por um ou mais dias. Às vezes isso é suficiente para fazê-lo se comportar. Informe seu filho de que você acredita que ele é capaz de tratar os outros de maneira apropriada e que, quando vir evidências dessa mudança, você diminuirá sua supervisão; lembre-se, porém, de estar preparado para retomar as táticas antibullying a qualquer momento se ele voltar a maltratar alguém.

Se seu filho se sente mal com relação a si mesmo, procure valorizar a autoestima dele. Lembre-o frequentemente de suas características positivas e de seus sucessos. Proporcione oportunidades de realização pessoal e experiências que o ajudem a se sentir importante e apreciado. Acima de tudo, lembre-o de que você o ama incondicionalmente. Isso o ajudará a se amar e se aceitar. A autoaceitação é a base para a satisfação pessoal, e o amor próprio é a base para a compaixão com os outros.

Ajude-o a criar interesses e aprender um novo hobby, ou desenvolver uma nova habilidade, como pintura, desenho, ou tocar um instrumento. Isso ajudará seu filho a se sentir bem com ele mesmo. Além do mais, interesses que envolvem atividades em grupo supervisionadas e estruturadas incentivam na criança o hábito de cooperação.

Examine as amizades de seu filho e proporcione chances para ele escolher amigos que tenham uma boa reputação. Desenvolva uma rede moral, religiosa e espiritual em torno de seu filho. Psicólogos e outros profissionais de saúde mental descobriram que a religião pode fazer grande diferença na vida das crianças, especialmente dos adolescentes.

Mostre a ele que há poder e controle nas boas ações. Envolva seu filho em atividades de serviço comunitário e de caridade. Encontre meios para seu filho ajudar os outros. Quando você é solicitado a ajudar alguém, seu filho deve acompanhá-lo, se for apropriado. Quando seu filho o auxiliar, elogie-o pessoal e publicamente, quando ele estiver presente. Deixe-o ver que o agradou ajudando outras pessoas. Depois, discuta com ele o prazer e os insights obtidos pelo envolvimento em atividades de solidariedade a terceiros.

Peça a ele para monitorar o próprio comportamento e relatá-lo a você. Você pode até sugerir que ele mantenha um diário ou bloco de anotações onde vai registrar suas interações positivas e negativas com outros. Peça a ele para registrar sua resposta às relações negativas. Diga que você vai rever o diário com ele para discutirem o conteúdo.

Quando vir seu filho exibindo sensibilidade, bondade e solidariedade, recompense-o com um privilégio ou presente especial. Recompensar o comportamento positivo é algo muito poderoso. Às vezes, as crianças aprendem mais sendo recompensadas por isso do que quando são punidas por conduta imprópria.

Simule situações nas quais seu filho pode responder de forma imprópria. Por exemplo, o que ele deve fazer quando alguém derruba acidentalmente seus livros da carteira, ou esbarra nele no corredor? Isso dará a seu filho alguma prática para controlar a raiva. Também é possível encenar o comportamento apropriado.

Certifique-se de que sua forma de disciplinar não é exageradamente permissiva ou agressiva. Deve ser firme, controlada e cheia de amor, para ajudar seu filho a desenvolver o autocontrole necessário para interromper o bullying.

Examine o próprio comportamento. Você é um exemplo agressivo? Está intimidando seu filho? Critica-o frequentemente? Usa ter-

Quando é o seu filho que maltrata os outros **173**

mos que incentivam as pessoas, as apoia e estimula, ou as diminui com suas palavras?

Peça a uma criança mais velha ou a um jovem para ser mentor de seu filho. Ele pode ir a lugares variados com seu filho e fazer muitas coisas divertidas com ele, além de proporcionar orientação sobre o que é certo e errado, mostrando a ele como ter poder e controle, agindo positivamente.

Não se esqueça de impor objetivos realistas para a mudança de comportamento de seu filho e de estabelecer um prazo razoável. O comportamento impróprio não se desenvolve da noite para o dia. Portanto, ele precisará de tempo para aprender a administrar sentimentos, pensamentos e ações. Incentive-o continuamente enquanto ele se esforça.

Você tem muitas opções para ajudar seu filho a parar de maltratar outras pessoas, mas ele também deve empenhar-se pela mudança. Mostre a ele as seguintes sugestões para cessar a agressão. Escolha algumas que você considera adequadas e ensine-as a seu filho.

Sugestões para cessar o comportamento de bullying

- Lembre frequentemente a Regra de Ouro — trate os outros como quer ser tratado.

- Pergunte a si mesmo: "Por que estou maltratando os outros?"

- Você está infeliz ou zangado com alguma coisa que precisa discutir com um adulto? Se está, fale com alguém, em vez de extravasar em outra pessoa.

- Pergunte a si mesmo: "Eu maltrato os outros porque sou maltratado em outro lugar e não quero ser maltratado em todos os lugares?"

- Perceba que, se continuar maltratando os outros, você se envolverá em muitos problemas. Pode ser suspenso ou expulso da escola e até ter complicações legais.

- Tenha em mente que aqueles que se sentem inferiores, com medo, fracos e impotentes são sempre os primeiros a recorrer à

174 PROTEJA SEU FILHO DO BULLYING

violência e à retaliação. Quando retaliam, eles vão atrás daqueles que os maltrataram e podem acabar machucando qualquer um, mesmo aqueles que os trataram bem. Assim, você pode acidentalmente fazer alguém machucar outras pessoas.

- Às vezes maltratar se torna um hábito. Mas você pode parar. Pode mudar. Bullying é uma escolha. Converse com alguém sobre sua necessidade de mudar.

- Talvez você tenha caído na armadilha de maltratar alguém porque "todo mundo" faz isso. Nesse caso, você pode se sentir culpado e precisa pedir ajuda a alguém para sair dessa armadilha. Compartilhe seus pensamentos e sentimentos com um adulto. Se quiser, leve um amigo com você. Se não consegue contar a um adulto pessoalmente, escreva um bilhete explicando o que aconteceu. Se não pode contar a seus pais, conte a seus avós, um tio, tia... um adulto de sua confiança. Se não consegue contar a seu professor, conte a outro adulto na escola. Revele o que está acontecendo, quem está envolvido, quem são os espectadores e onde e quando tudo tem acontecido.

- Procure dormir bem, fazer exercícios físicos regularmente e se alimentar da maneira correta. Tudo isso ajudará a melhorar seu autocontrole.

- Não fique na defensiva se seus pais ou outros adultos aumentaram a supervisão sobre suas atividades. Agradeça por eles se importarem o suficiente com você para ajudá-lo a ter um comportamento mais apropriado. Todos precisam de alguém que imponha consequências para seus atos.

- Ouça as sugestões de seus pais e professores.

Fale com a escola

Se os maus-tratos aconteceram na escola, seu próximo passo é falar com os responsáveis e informá-los de que tem consciência do comportamento de seu filho e de que ele está disposto a melhorar

Quando é o seu filho que maltrata os outros **175**

(se isso for verdade). Marque uma reunião com o professor de seu filho e faça um relato factual, usando seus registros. Na maior parte do tempo, é difícil ter acesso a um professor imediatamente, mas você pode conseguir um número de telefone ou endereço de e-mail, no site ou na secretaria da escola, e deixar um recado. Quando fizer contato, explique brevemente por que quer encontrá-lo e sugira um horário depois da aula, se possível. Se quiser, descreva de maneira resumida o que está acontecendo. Você quer colaborar com a escola, então crie um relacionamento de trabalho com ela. Dê ao professor um prazo para se preparar para a reunião.

Estando com ele, reveja a situação de seu filho. Discuta quem está envolvido; o que aconteceu; as datas, os horários e os locais dos eventos; quem *parece* ser a(s) vítima(s); quem são as testemunhas; e assim por diante. Explique que compreende que algumas informações terão de ser confirmadas e verificadas em sua precisão. Se você acredita que seu filho agiu como um bully, manifeste sua preocupação com a atitude dele e diga que precisa da ajuda da escola para modificar esse comportamento. Peça ao professor algumas sugestões e ideias. Dê a ele tempo para falar. Inicialmente, é possível que ele não consiga explicar o que está acontecendo. Mas, pelo menos, você o fez tomar conhecimento do problema. Se quiser, marque uma nova reunião de acompanhamento com o propósito de desenvolver um plano de ação. Quando a reunião acabar, agradeça ao professor por sua disponibilidade e atenção.

Depois da reunião, mande uma carta para o professor agradecendo novamente por ter sido atendida. A carta também deve relacionar as medidas acordadas e a data e o horário da entrevista de acompanhamento para desenvolver um plano de ação. Se quiser, envie uma cópia da carta para o diretor. Porém, não se esqueça de elogiar o profissionalismo, a sensibilidade e a preocupação do professor.

Caso você ache que o professor é incapaz de ajudar seu filho, mesmo depois de duas ou três revisões do plano de ação, marque uma reunião com o diretor. Diga que o professor tem sido profissional e cooperativo, mas precisa de ajuda. Peça à direção para assumir o compromisso de tomar alguma providência, e sugerir os próximos

176 PROTEJA SEU FILHO DO BULLYING

passos. Se você concordar com alguma dessas sugestões, solicite um prazo no qual essas medidas serão implementadas. Depois, marque uma reunião de acompanhamento, para discutir a efetividade das medidas e o que deve ser feito em seguida.

Solicite aos membros da escola para ajudá-lo na aplicação de punições para comportamento impróprio e de recompensas para os apropriados. Não desista. Muitas escolas contam com profissionais que respondem de maneira favorável a esse tipo de solicitação. Porém, se alguém ignorar você, não se deixe abater. Não permita que alguém minimize o problema do seu filho ou faça você sentir que está tomando muito tempo das pessoas. A segurança e a saúde de seu filho devem ser prioridades — algumas vítimas retaliam. Ao deter o bullying, você está ajudando seu filho, outras crianças e a escola.

Com a implementação das estratégias, marque reuniões de acompanhamento com o pessoal apropriado dentro da escola, para analisar que medida adotada foi eficiente. Tente ser paciente, mas conte com ações por parte da escola num período breve, adequado. Considere com seriedade quaisquer sugestões propostas, pois as expectativas em casa precisam ser coerentes com as da escola.

Solicite que haja um adulto (um professor, talvez) com quem a criança possa falar todos os dias para acompanhar seu comportamento. Se o professor não estiver disponível, fale com o diretor. Você deve pôr um fim nessa situação que ameaça a saúde e o bem-estar de seu filho e de outras crianças. Seja persistente. Peça ao diretor para implementar um programa antibullying e oferecer treinamento aos professores, motoristas de ônibus escolares, conselheiros e outros adultos na escola. O pessoal também precisa aprender como prevenir e deter os maus-tratos, ajudar as vítimas e realocar os agressores. Peça a eles para visitar o site, em inglês, www.bullyfree.com. Todos os funcionários devem saber como criar escolas nas quais os estudantes se sintam aceitos.

Quando é o seu filho que maltrata os outros **177**

MENSAGENS-CHAVE

- Até os melhores pais têm filhos que se desencaminham.
- Não se apresse em rotular seu filho de bully.
- Lembre seu filho da Regra de Ouro — trate os outros como quer ser tratado.
- Mantenha a calma. Não fique zangado ou na defensiva quando descobrir que seu filho pode estar maltratando outras pessoas.
- Tente descobrir por que seu filho está maltratando outras pessoas.
- Aplique restrições não violentas para o bullying.
- Recompense o comportamento positivo.
- Apoie o esforço da escola em aplicar consequências negativas ao comportamento impróprio.
- Monitore o paradeiro de seu filho.
- Ajude seu filho a desenvolver interesses e hobbies.
- Se necessário, procure aconselhamento profissional para seu filho.
- Examine a adequação do próprio comportamento.
- Examine sua forma de disciplina: é muito permissivo, muito agressivo?
- Dê a seu filho sugestões de como cessar o comportamento de agressividade.
- Colabore com a escola para ajudar seu filho.
- Peça à escola para implementar um programa antibullying.

11

Quando seu filho é um espectador

Caro Dr. Beane:

Depois de assistir a uma palestra sua na escola, meu filho me contou uma história sobre um colega de turma. Os amigos dele atormentavam e provocavam essa criança e meu filho se sentia culpado, porque os amigos excluíram o menino do grupo. Ele começou a conversar com o menino e se tornou seu amigo. Agora eles são amigos muito próximos. Meu filho disse aos amigos que ele era legal, e que deviam dar uma chance ao menino. Disse, também, que eles não eram seus amigos de verdade se não aceitassem a amizade daquele menino. Agora, todos são amigos. Fico muito feliz por meus filhos me contarem sempre histórias como essa.

Se seu filho não é uma vítima, um agressor ou um seguidor, é um espectador. Como espectador, seu filho tem a opção de ser parte da solução ou do problema. Quando eles escolhem não se envolver, juntam-se à maioria silenciosa, que permite que a intimidação ocorra. Às vezes os espectadores evitam se envolver porque têm medo dos bullies e de seus seguidores; em outras ocasiões, é porque simplesmente não sabem o que fazer. Eles podem até ter medo de reportar os maus-tratos, temendo retaliação ou imaginando que a intervenção tornará a situação ainda pior para a vítima, ou podem suspeitar de que os adultos não tomarão providência alguma.

180 PROTEJA SEU FILHO DO BULLYING

É importante que seu filho saiba que os agressores interpretam a falta de envolvimento como aprovação e até incentivo para maltratar outras pessoas. Portanto, é importante que seu filho se posicione contra o bullying e recrute tantos partidários quanto puder. De início, o número de aliados será pequeno, mas vai crescer. A maioria dos alunos não aprova a intimidação e espera que ela pare. Podem perceber o poder da maioria e que eles não precisam deixar uma minoria controlar como eles tratam os outros. É importante que seu filho e outras crianças saibam que não só têm o poder, mas também a responsabilidade de proteger uns aos outros de maneira aceitável e efetiva.

Estamos aprendendo cada vez mais sobre os diferentes tipos de espectadores. Acredito que há cinco tipos, embora alguns especialistas em bullying contem três categorias de espectadores: o espectador vítima, o espectador esquivo e o espectador ambivalente.[1]

1. O espectador vítima pode se identificar com a vítima e tem medo de se tornar também uma vítima se não apoiar o bullying. Esse é um medo realista, porque estes podem ser, facilmente, os próximos alvos. Eles sempre congelam de medo e nada fazem. Às vezes se juntam aos maus-tratos e se tornam seguidores.

2. Espectadores esquivos assistem ao bullying e não fazem nada com relação a ele. Não podem fazer nada porque sentem que não há nada que possam fazer ou porque não sabem exatamente como agir.

3. Espectadores ambivalentes têm sentimentos confusos sobre o agressor e o bullying. Estão sempre tentando determinar qual papel desempenham na dinâmica de poder.

Acredito que devemos considerar mais dois tipos de espectadores:

4. Espectadores fortalecidos vão interferir e procurar apoiar ou ajudar a vítima. Alguns alunos são capazes disso porque têm a confiança e o poder; outros foram ensinados a apoiar e defender as vítimas.

Quando seu filho é um espectador **181**

5. Espectadores bully (seguidores) incentivam espontaneamente a continuação dos maus-tratos e podem até participar deles. Em geral, não iniciam o bullying, mas se juntam rapidamente aos agressores. Podem ser diferentes do espectador vítima porque não foram vítimas.

Se seu filho não é uma vítima, mas um espectador, ainda assim você deve se preocupar. Pesquisadores descobriram que espectadores do bullying apresentam níveis elevados de medo, ansiedade, depressão e impotência. Até os espectadores sofrem quando sentem que não há nada que possam fazer para deter o bullying.

Peça a seu filho para conversar com você sobre seus sentimentos e pensamentos em relação às intimidações que presencia na escola e na comunidade. Assistir ao bullying quase todos os dias pode intensificar problemas e dificuldades emocionais já existentes. Ajude seu filho a lidar com as sensações de medo, insegurança e culpa criadas pela experiência de ser um espectador. Quando conversar com seu filho pela primeira vez sobre a experiência de testemunhar maus-tratos, não o sobrecarregue emocionalmente, fazendo muitas perguntas.

Da mesma forma que é importante para as vítimas do bullying desenvolver estratégias eficientes para lidar com a situação, também é importante para os espectadores desenvolver certas habilidades. As testemunhas precisam estar dispostas a resistir à pressão dos colegas. Ajude seu filho a entender a importância de não permitir que alguém controle como ele trata os outros. Diga-lhe que você quer não apenas que ele acredite na Regra de Ouro, mas que faça dela uma convicção. Isso significa que deixar que sua crença na Regra de Ouro controle suas atitudes, seus pensamentos e seu comportamento. Expresse sua confiança na capacidade de seu filho fazer o que manda sua consciência, e não deixar ninguém controlá-lo. Acrescente que não é errado ser diferente por não maltratar alguém. Você também pode falar com ele sobre algumas pessoas famosas que se recusaram a ser moldadas ou comandadas pelo pensamento de terceiros, como Madre Teresa, Nelson Mandela, Mahatma Gandhi e Marie Curie.

182 PROTEJA SEU FILHO DO BULLYING

Toda criança já foi espectadora em algum momento. Então, divida com seu filho as seguintes sugestões para lidar com situações de agressão que ele testemunhe.

Sugestões para espectadores

• Fale com um adulto sobre seus sentimentos e pensamentos com relação ao bullying presenciado na escola e na comunidade. Você se sente amedrontado e inseguro? Sente culpa?

• Tenha em mente que você e seus amigos (os outros espectadores) estão em maior número que os agressores. Vocês podem fazer a diferença.

• Levante a questão dos maus-tratos com seus amigos e nas reuniões do conselho estudantil e obtenha permissão para levantar a questão também nas reuniões de staff. Fale também sobre o bullying em sua sala de aula (nas aulas de estudos sociais, literatura, teatro e inglês). Quando for solicitado a escrever um texto em uma de suas aulas, procure relacionar bullying ao assunto ou, se for apropriado, escreva sobre esse tema.

• Quando vir alguém ser maltratado, faça um registro do evento e conte a um adulto de confiança. Anote o que aconteceu, quem estava envolvido e quando e onde aconteceu. Escreva também o que aconteceu imediatamente antes do evento e depois dele.

• Peça a seus amigos para se juntarem a você no compromisso de ajudar sua escola a se livrar do bullying.

• Peça a seus amigos para ajudá-lo a comunicar ao agressor que o bullying não será tolerado. Porém, não o maltrate. Leve alguns amigos com você para dizer ao bully que pare de maltratar os alunos. Sugira que ele converse com alguém na escola sobre a raiva. Assuma uma posição contra o valentão. Quanto mais tempo você esperar para fazer isso, maior será a probabilidade de se juntar às agressões.

• Não seja vigia para o intimidador e não assista aos maus-tratos. O bully quer plateia. Você também pode impedir o bullying

Quando seu filho é um espectador 183

colocando-se ao lado da vítima. Peça a alguns amigos para se unirem a você. Depois, à vítima, para se afastar com você e seus amigos.

- Observe qual característica da vítima o agressor usa para maltratá-lo. Por exemplo, você pode se aproximar da vítima e dizer: "Eu também sou burro; na verdade, todo mundo é burro com relação a alguma coisa."

- Recuse-se a rir quando alguém for alvo de deboche ou maus-tratos; procure ser um pacificador.

- Quando ouvir fofocas, encerre-a dizendo à pessoa que não contará sua história a ninguém, e que acha que a vítima deve ser informada de que há rumores circulando a seu respeito. Informe a vítima sobre o que está sendo dito a seu respeito, e explique que você está tentado deter os rumores.

- Aprenda a usar a assertividade ensinada neste livro. Selecione aquelas que são mais indicadas para espectadores. Pratique-as diante do espelho. Elas o ajudarão a defender as vítimas de bullying. Não são estratégias agressivas para insultar o agressor; são meios pelos quais você pode defender a vítima, sem provocá-lo. Não o provoque, nem tente lidar com ele sozinho.

- Encoraje a vítima a compartilhar seus pensamentos e sentimentos com você e, se possível, com um adulto. Seja um bom ouvinte. Pergunte se ele quer que você reporte o bullying a um adulto.

- Convide a vítima para fazer algo com você e seus amigos, como ir ao cinema. Certifique-se de que a experiência seja positiva.

- Não deixe os bullies controlarem a forma como você trata os outros. Mantenha seus valores e crenças. Faça o que é certo. Lembre-se: a reputação de uma pessoa vale mais que ouro. É importante que você tenha um bom nome. As pessoas vão lembrar para sempre como você as tratou. Como você descreveria sua atual reputação com relação às outras pessoas? Quando as pessoas ouvem seu nome, o que lembram e o que pensam?

MENSAGENS-CHAVE

- Os bullies interpretam a passividade dos espectadores como aprovação do bullying.
- Peça a seu filho, o espectador, para discutir seus pensamentos e sentimentos sobre o bullying na escola.
- Explique a seu filho a importância de deixar a crença na Regra de Ouro — comandar suas atitudes, seus pensamentos e comportamento.
- Incentive seu filho a reunir amigos para fazer campanha contra os maus-tratos.
- Diga a seu filho para não ignorar o bullying, não ficar assistindo e não rir.
- Incentive seu filho a agir com assertividade, de modo que possa defender verbalmente as vítimas de intimidação.
- Compartilhe com seu filho as sugestões e dicas para espectadores.

12

Por que algumas vítimas retaliam, se autoflagelam ou cometem suicídio

Caro Dr. Beane:

Quando eu tinha 15 anos, perdi meu cabelo devido a uma doença cutânea chamada alopecia. Meu cabelo começou a cair. Perdi cabelos e pelos do corpo todo. Quando eu ia à escola, professores e alunos zombavam de mim. Perdi minha namorada quando meu cabelo começou a cair. Eu me lembro de sentar sozinho na aula de ciência porque ninguém queria ficar perto de mim. Uma garota disse ao professor: "Eca, não quero ficar perto dele." O professor respondeu: "Tudo bem, você não precisa se sentar com ele." Ser excluído e receber tantos apelidos (ovo, Sr. Limpo e outros) começou a me incomodar. Quando dois professores riram e debocharam de mim, minha autoconfiança foi destruída. Comecei a faltar à escola, descendo do ônibus e correndo para o bosque. Lá, conheci um grupo de "excluídos". Eram crianças, como eu, que não eram aceitas pela maioria na escola. Um dia não compareci às aulas do período da tarde. Bebi uma garrafa quase inteira de uísque e desmaiei no bosque. O diretor me encontrou e chamou uma ambulância.

> *Comecei a beber de três a quatro doses de vodca com suco de laranja pela manhã e a fumar maconha também. Convivia com outros garotos que tinham problemas e usavam drogas.*

Este capítulo examina o caminho que algumas vítimas do bullying percorrem do sofrimento à retaliação, ao autoflagelo e/ou o suicídio. A informação o ajudará a determinar se seu filho está trilhando esse caminho e a impedir que ele faça mal a si mesmo ou a outras pessoas. O objetivo é explicar os processos cognitivos e psicológicos em que se envolvem crianças vitimizadas, com base em minha experiência com meu filho e outras vítimas que retaliaram e as que tentaram suicídio.

É difícil para algumas pessoas se solidarizarem com vítimas que revidam. Isso é compreensível. Porém, devemos perguntar a nós mesmos o que fez essas vítimas retaliarem. Por que algumas crianças passam de sentimentos de profunda dor, medo, ansiedade, frustração e impotência a raiva, depressão, ódio, fúria, desespero e desejo de vingança ou suicídio?

O caminho do sofrimento a automutilação, retaliação e/ou suicídio tem muitos elementos. Você e os funcionários da escola precisam entender isso. Nem todas as vítimas que retaliam ou se mutilam seguem a sequência apresentada neste livro. Os estágios pelos quais as vítimas costumam passar ao lidar com o trauma do bullying são muito voláteis, e os elementos são sempre entrelaçados ao longo dos estágios.[1]

Algumas crianças vitimizadas passam por diversos estágios, mas nunca chegam ao ponto em que buscam realizar o desejo de vingança e/ou suicídio — mesmo que o desejo esteja presente. Um jovem contou que muitas vezes pensou em levar uma arma para a escola quando era vítima de intimidação no ensino médio. Ele disse que foi o amor pelos avós que o impediu de satisfazer o desejo de vingança e, mais tarde, o de cometer suicídio.

Alguns desses estágios são mais intensos para algumas crianças do que para outras, por causa de suas experiências anteriores, suas predisposições genéticas, personalidade, capacidade de resistência e seu ambiente social. A idade da criança e a intensidade da agressão, além do apoio externo disponível, são fatores significantes.

Este capítulo pode amedrontar o leitor e causar grande preocupação, mas você precisa ser capaz de determinar como seu filho está lidando com os maus-tratos que sofre. Há uma verdade que deve encorajá-lo: as vítimas de bullying são, frequentemente, indivíduos muito resistentes. Eles costumam ser vistos como fracos e facilitadores dos maus-tratos que sofrem. Isso é injusto. As vítimas são incrivelmente fortes, e ninguém merece sofrer agressão. Sempre me espanto com a duração dos maus-tratos que as vítimas suportam. Embora esse tratamento flua como uma poderosa correnteza, eles se mantêm à tona por muito tempo. Desenvolvi uma tremenda admiração pelas crianças que são vítimas de bullying. Gostaria de ter sua força de caráter. É o agressor e os outros que se unem ao bullying que exibem fraqueza de caráter.

Vitimização (ataques persistentes)

O caminho começa com seu filho sendo atingido pelos bullies, pelos que os seguem e por aqueles que não o defendem e até riem dele. Os maus-tratos podem parecer moderados para quem os observa; porém, seu filho pode considerar esse tratamento muito doloroso, inclusive no aspecto físico.

Com a dor, há também o constrangimento. Por exemplo, seu filho pode ser atormentado em função de alguma característica física, então ele se sente derrotado e constrangido. Como os intimidados estão em maior número e são mais fortes, seu filho também se sente constrangido por não ser capaz de se defender. Ele se sente um covarde. Esses sentimentos podem impedi-lo de contar a você sobre os maus-tratos. Como disse um aluno: "Ninguém podia me ajudar porque ninguém sabia. Eu me envergonhava por pensar que era um covarde e me sentia constrangido demais para falar sobre isso."[2]

Às vezes o constrangimento leva à humilhação e à intimidação. Não só a natureza dos maus-tratos é humilhante, como também o

188 PROTEJA SEU FILHO DO BULLYING

sentimento de impotência. Trabalhei como consultor especialista em um processo criminal no qual uma vítima de bullying, no ensino médio (alguém que aqui vou chamar de James), enfrentaria de cinco a dez anos de detenção por ter se vingado. Ele me contou várias histórias sobre como se sentia envergonhado e humilhado. Ele disse: "Eu sentia muita vergonha. Eles me faziam sentir como se eu estivesse no jardim da infância." Como iniciação no time de basquete, os garotos tinham de beber enxaguatório bucal. Quando James bebeu sua garrafa do líquido, descobriu que o agressor pusera urina no recipiente. Durante todo o ano, os estudantes o chamaram de "bebedor de mijo". Eles também punham pelos pubianos na pizza de James. Depois de comer a pizza, ele era alvo de gozações.

Esse estágio pode ser descrito como uma mistura de dor, sofrimento, constrangimento, humilhação e intimidação. Porém, nesse momento, a criança ainda tem esperança de que o bullying acabe depressa.

Ansiedade antecipatória

O bullying é um insulto persistente e repetido, por isso a criança logo começa a sentir uma ansiedade antecipatória — o medo da futura vitimização. Ela se preocupa com a repetição dos mesmos eventos e também com a ocorrência de coisas piores. Pode temer que os maus-tratos se tornem físicos ou que, se outros membros da família se envolverem, também possam ser prejudicados.

Antecipar os maus-tratos causa uma ansiedade quase sufocante capaz de dominar os pensamentos de seu filho de tempos em tempos, especialmente antes de momentos de alto risco (como quando ele está esperando pelo ônibus escolar, dentro dele ou aguardando em alguma área comum da escola pelo início das aulas) e antes de ele ser solicitado a visitar áreas de alto risco (banheiros, escadas, cantina, ônibus, vestiários e assim por diante). Portanto, cada dia na escola é como um novo campo social minado.[3] Seu filho pode ser dominado pela apreensão relacionada ao que pode surgir em seu caminho no dia seguinte para atormentá-lo.

Essa intensa ansiedade leva ao estado de alerta extremo. Seu filho pode ter dificuldades de concentração e exibir desorganização cognitiva (pensamento confuso).[4] Isso tem um impacto significativo em sua concentração e no aprendizado. Também afeta sua capacidade de tomar boas decisões, incluindo aquelas sobre como lidar com os maus-tratos.

Esse estágio acrescenta medo, ansiedade, alerta extremo, falta de concentração, pensamento confuso e incapacidade para tomar boas decisões aos sentimentos experimentados no estágio de vitimização. Porém, a criança ainda tem esperança de que o bullying acabe logo.

Reviver

Não é incomum que as vítimas de bullying tenham pensamentos recorrentes focados nos maus-tratos e nos sentimentos associados a ele. Isso costuma ocorrer quando a criança está sozinha e não está distraída. Por exemplo, quando está deitada em sua cama à noite, ela revive todos os momentos em que sofreu bullying. A mente da criança está cheia de lembranças traumáticas, que são quase tão reais quanto os próprios eventos. Vítimas me contam que frequentemente lembram da dor, do constrangimento, da humilhação e do medo de cada ocorrência como se aquilo estivesse acontecendo outra vez. As lembranças podem ser tão reais que são como flashbacks. Por isso, algumas vítimas têm dificuldade para dormir e às vezes choram até pegarem no sono. E quando adormecem, pesadelos dificultam a manutenção do sono. Isso causa fadiga, maior impacto sobre a capacidade de concentração, aprendizado e tomada de decisão. Também costuma causar irritabilidade, impaciência, falta de motivação e sentimentos de inadequação. A fadiga também pode causar comportamento impróprio, como atitudes desrespeitosas e falta de cooperação. A conduta imprópria é um pedido de ajuda.

Nessa fase, seu filho pode experimentar fadiga, irritabilidade, impaciência, falta de motivação, sentimentos de inadequação e maus modos, além dos sentimentos vivenciados nos estágios anteriores. Porém, ainda há um raio de esperança de que o bullying termine logo.

Avaliação, aprisionamento, desapontamento, desorganização cognitiva e crise de confiança

Em algum momento, seu filho avaliará a seriedade e a duração potencial do bullying. Quando a avaliação resulta em uma conclusão negativa para seu filho, ele começa a se sentir sobrepujado, impotente, sem esperança e até mais inadequado. É possível que ele se sinta aprisionado em uma situação que parece não ter possibilidade de melhorar. De fato, há uma expectativa de que a agressão só piore; por isso o medo e a ansiedade aumentam.

Seu filho pode ter observado outras crianças sofrerem com o bullying, enquanto os adultos permaneceram coniventes, mesmo depois de eles terem sido informados. Talvez seu filho tenha observado a situação piorar depois de os adultos serem informados. Vítimas de maus-tratos expressaram desapontamento com o comportamento dos adultos que as cercavam. Muitos adultos:

- Praticaram bullying contra alunos.

- Deixaram de apoiar outras vítimas — ignorando a vitimização.

- Não expressaram solidariedade.

- Forneceram sugestões não verbais que incentivam os maus-tratos.

- Riram do comportamento observado.

Infelizmente, alguns adultos têm atitudes elitistas que comunicam que "Nós somos diferentes deles e eles simplesmente enfrentam dificuldades na vida. Não se preocupe. Cuide de si". Essa atitude sempre leva a criança a ignorar os maus-tratos ou culpar as vítimas por ele. Isso fica claro nos rótulos que estipulam que as vítimas são "solitárias", "isoladas" e "fracas".

Às vezes, as crianças são maltratadas por adultos. Como me contou um estudante, "Eu sofria com um professor que estava sempre me perseguindo, acompanhando meu trabalho e me usando diante da sala como bode expiatório".[5] Quando adultos investidos de autoridade praticam bullying ou deixam de responder aos relatos de

Por que algumas vítimas retaliam... **191**

bullying, as vítimas se sentem ainda mais aprisionadas. Elas são incapazes de resolver o problema sozinhas, e também sentem que não podem pedir ajuda a outro adulto.

Nesse estágio, os sentimentos de intimidação e inadequação são mais intensos, e a capacidade da criança de lidar com os maus-tratos diminui. Isso aumenta o estresse, os sentimentos de aprisionamento e o medo. Afeta a capacidade de concentração do seu filho e tem impacto negativo sobre o aprendizado. As notas provavelmente começarão a cair. Além disso, é provável que haja evidência de mais desordem cognitiva (pensamento confuso e decisões pobres). É difícil para qualquer criança viver em um ambiente no qual ela teme o bullying crônico, intimidação, ou uso do terror. Não é surpreendente que a criança vitimizada tenha um nível mais baixo de motivação e interesse em atividades acadêmicas e seja menos participativa na sala de aula.[6]

Esse estágio também inclui sentimentos de solidão, abandono, rejeição e alienação. Isso intensifica o medo já existente. Quão intenso é esse medo? Como disse outro estudante que chegou a esse ponto, "Comecei a pensar em suicídio. Eu me sentia amedrontado demais para ter uma vida social. Passava meus dias com receio, dentro ou fora da escola".[7]

Seu filho pode se descobrir no meio de uma crise de confiança.[8] Ele passa a não confiar na própria capacidade de lidar com o bullying ou detê-lo, nos adultos que o cercam, duvidando de que sejam capazes de ajudá-lo. Nesse momento, está se afogando em dúvidas e acredita que seu único recurso é tomar uma atitude drástica, poderosa. Tais pensamentos são os esforços iniciais para obter controle sobre o que parece ser um ambiente social descontrolado. Ele pode ou não ter ideias iniciais de autossabotagem (uso de álcool, drogas, automutilação) ou retaliação. Essas sensações impróprias são também permeadas pelo medo de realizar esses pensamentos. Portanto, seu filho pode até esperar que alguém o resgate da tentação de agir contra si mesmo. Quando informo aos alunos que tenho consciência de que eles pensam em automutilação por causa do bullying, eles reagem ansiosos, aflitos para dizer que pensam, mesmo, em algo como "se cortar". Alguns chegam a confessar que pensam em balas e revól-

192 PROTEJA SEU FILHO DO BULLYING

veres. É como se quisessem que alguém os resgatasse. Um aluno do ensino médio levou um revólver para a escola, a fim de atirar contra os bullies que o atormentavam. Quando um funcionário encontrou o objeto em seu armário, o garoto disse: "Graças a Deus alguém me livrou daquela arma. Não sei o que poderia ter feito."

Tal ausência de confiança faz seu filho duvidar de que a vida pode ser justa ou boa, especialmente a vida escolar. Essa descrença leva a uma visão pessimista da vida e uma propensão para a rejeição — esperar ser maltratado por seus semelhantes —, o que causa intensa ansiedade relacionada a cada dia. A criança quer ser feliz na escola, mas essa possibilidade parece inexistente. Um aluno disse: "Gostaria de ir para a escola e ser feliz com os outros garotos da minha idade, mas não posso fingir. Não confio em ninguém."[9]

Se seu filho chegou a esse estágio, é provável que ele sinta uma mistura de sofrimento e dor, constrangimento, humilhação, intimidação, medo, ansiedade, alerta extremo, falta de concentração, pensamento confuso e prejuízo da capacidade de tomar decisões, fadiga, irritabilidade, impaciência, ausência de motivação, sentimentos de inadequação, comportamento impróprio, pensamentos de retaliação, aprisionamento, desapontamento, falta de confiança nas pessoas e na vida e propensão à rejeição (expectativa de ser rejeitado). Porém, ainda há um raio de esperança de que o bullying acabe logo.

Sigilo, negação, esquiva e distanciamento

Sigilo. As vítimas de maus-tratos se encontram em um impasse: dizer ou não a um adulto. Muitas vezes, a criança está tão perturbada que ela tenta esconder e negar o que está acontecendo. Infelizmente, o bullying prospera no sigilo. Então, seu filho pode camuflar a perturbação e aparentar normalidade quando está perto de você. Às vezes a necessidade de segredo é gerada pelo medo de que os adultos tornem a situação ainda pior ou de que os agressores tentem prejudicar membros de sua família.

Negação e inibição consciente. Enraizadas no sigilo estão a negação e também a inibição. Isso pode ser uma forma de a criança se

Por que algumas vítimas retaliam... **193**

proteger psicologicamente de sentimentos associados à sua esperança minguante. Ela tenta fugir do desespero, eliminando ou reduzindo em importância pensamentos e sentimentos que a ameaçam e sobrepujam. Quando isso ocorre, há um estreitamento da consciência e a negação e inibição consciente se tornam evidentes. Isso fica evidente quando seu filho recorda apenas de partes da experiência de bullying (emoções, sentimentos, pensamentos) e não lembra os detalhes. De fato, ele pode não ter consciência das agressões e procurar distrações para evitar pensar nelas, inibindo pensamentos e sentimentos. A criança é capaz de negar e reprimir seu medo. O receio é um dos sentimentos mais difíceis de expressar e é comumente negado. Medo reprimido ou negado faz da vida um recipiente de medo constante. Cada dia é cheio de pavor. O medo reprimido às vezes cria preocupações, ansiedades, vigilância extrema, fobias, obsessões (incluindo obsessão pela morte) e terror que confundem ainda mais a criança.

Esquiva e distanciamento. Para acomodar sua negação e os sentimentos reprimidos, seu filho pode evitar tudo que se associe ao bullying, que o faça lembrar os maus-tratos e os lugares nos quais corre o risco de ser vítima deles. É natural evitar experiências sociais que parecem arriscadas. Isso é chamado de esquiva. A esquiva é a tática mais comum utilizada pelas vítimas de bullying.[10] Isso ocorre principalmente quando um adulto responsável pela supervisão foi informado sobre o bullying e nada fez para impedi-lo. Portanto, faltar às aulas é uma prática comum entre as vítimas de intimidação. De fato, o bullying é um precursor do comportamento de evitar a escola.[11] De acordo com a American Medical Association, aproximadamente 160 mil crianças permanecem em casa todos os dias, por medo de ser maltratadas ou feridas. Cerca de 7 por cento dos alunos do oitavo ano faltam à aula pelo menos uma vez por mês por recear o bullying.[12] Essa inclinação é compreensível. Quando adultos sofrem maus-tratos em lugares específicos, tendem a evitá-los. Eles experimentam os mesmos medos e ansiedades. Mas as crianças não têm a opção de evitar a escola; por lei, devem frequentá-la ou ter aulas em casa com professores particulares. Quando pensam que ir ao colégio é inevitável, eles se sentem aprisionados. Esse sentimento costuma criar ainda mais problemas para a criança. Vários pais me disseram que seus filhos sofrem tanto bullying que desenvolveram fobia da escola e precisaram de tratamento psicológico.

Quando os ambientes doméstico e escolar de uma criança são abusivos, ela tende a fugir. Ser rejeitado pelos entes queridos e pelos semelhantes em dois lugares nos quais se passa a maior parte do tempo é devastador. Então, uma criança pode optar pela vida nas ruas. Um estudante disse: "Prefiro ter o amor de um cafetão a nenhum amor."

Sofrendo com prejuízo da concentração, pensamento confuso, todas as emoções tóxicas que discutimos até aqui, e evitando a escola, não é de se espantar que o rendimento escolar de vítimas do bullying sofra. Pesquisadores relatam queda nas notas para 90 por cento das vítimas de maus-tratos.[13] Elas têm sempre notas mais baixas do que deveriam. Isso fica mais evidente no ensino médio do que no fundamental.[14]

A esta altura, seu filho pode ter experimentado alguma combinação dos sentimentos que discutimos para os estágios anteriores, bem como sigilo, negação, e desejo de retraimento, para evitar a escola e outras situações sociais. Porém, ainda há uma esperança de que o bullying cesse logo.

Trauma

Em algum momento, o bullying é considerado traumático por seu filho. O trauma é definido como um evento estressante inevitável, que sobrepuja e imobiliza os mecanismos de defesa do indivíduo.[15] Nesse caso, as vítimas se sentem realmente dominadas. Tal sentimento é compreensível. Ninguém deve experimentar o trauma criado pelo bullying.

Vergonha tóxica e baixa autoestima

A criança passa a sentir cada vez mais vergonha. Não é uma vergonha saudável, aquela que faz alguém adotar comportamentos mais adequados. É do tipo que imobiliza e aprisiona a criança. É venenosa. James Garbarino denomina isso de *vergonha tóxica*.[16] Não se trata apenas de uma emoção; ela é internalizada e se torna parte do caráter da criança.

Nos livros *Healing the Shame That Binds You* e *Homecoming*, John Bradshaw explora os sinais e efeitos da vergonha tóxica, alguns dos quais parafraseamos a seguir:[17]

- A vergonha tóxica faz um indivíduo se sentir fundamentalmente desgraçado.

- A vergonha tóxica faz um indivíduo se sentir intrinsecamente inútil.

- A vergonha tóxica faz um indivíduo se sentir profundamente humilhado com ele mesmo.

- A vergonha tóxica é experimentada como a crença de ser falho e defeituoso como ser humano.

- A vergonha tóxica não é mais uma emoção que sinaliza nossos limites; ela é um estado de ser, uma identidade essencial.

- A vergonha tóxica dá ao indivíduo uma sensação de fracasso, de inferioridade.

- A vergonha tóxica é como uma hemorragia interna.

- Uma pessoa influenciada pela vergonha reluta em expor sua personalidade a outras pessoas, mas, mais significativamente, ela reluta em expor-se para si mesma.

- A vergonha tóxica é devastadora porque expõe o fracasso do indivíduo para ele mesmo.

- O indivíduo deixa de confiar em si mesmo; acreditando ser indigno de confiança.

- A vergonha tóxica é um tormento interior, uma enfermidade da alma.

196 PROTEJA SEU FILHO DO BULLYING

- A vergonha tóxica é paradoxal e autogeradora; o indivíduo sente vergonha de sentir vergonha.

- As pessoas reconhecem prontamente culpa, dor ou medo antes de admitirem vergonha.

- A vergonha tóxica é o sentimento de isolamento e solidão.

- Uma pessoa tomada pela vergonha é atormentada por um sentimento de ausência e vazio.

Nesse ponto, a autoestima da criança está tão danificada que ela permanece cega para suas características positivas e seus pontos fortes. De fato, ela busca proteger sua autoestima de danos ainda maiores. Isso é evidenciado por uma sensibilidade exacerbada e uma interpretação errônea de comentários de colegas e adultos. Qualquer pergunta que expresse preocupação e interesse é vista como ataques pessoais contra suas capacidades, ou desapontamento e falta de confiança nela.

A vergonha tóxica é tão venenosa que a criança passa a duvidar ainda mais da própria capacidade de lidar com o bullying, dos adultos que tentam ajudá-la e até de que a vida e a escola poderão ser boas para ela. O sentimento de impotência começa a invadir seus pensamentos.

Quando seu filho se sente impotente, é possível que comece a maltratar os outros. Psicólogos dizem que vítimas de maus-tratos às vezes "se identificam com o agressor".[18] Seu filho pode fazer isso para transformar o sentimento de impotência em sensação de poder. Ninguém quer se sentir impotente. Todos preferimos nos sentir poderosos, até mesmo as crianças.

A essa altura, seu filho pode ter experimentado uma mistura de sofrimento e dor, constrangimento, humilhação, intimidação, medo, ansiedade, alerta extremo, ausência de concentração, pensamento confuso e perda da capacidade de tomar decisões, fadiga, irritabilidade, impaciência, falta de motivação, inadequação, comportamento impróprio, pensamentos iniciais de retaliação, aprisionamento, solidão, abandono, rejeição, alienação, desapontamento, falta de confiança nas pessoas e na vida, expectativa de ser rejeitado, sigilo, negação, desejo de retraimento e de evitar a escola e outras situações sociais, vergonha tóxica, baixa autoestima e impotência. Ainda há um raio de esperança de que o bullying chegue ao fim, mas o sentimento de impotência começa a se transformar em desespero.

Irritabilidade, raiva e hostilidade

Enquanto vivencia a experiência dolorosa do bullying, seu filho se torna irritável e zangado. É difícil saber o que aparece primeiro: irritabilidade ou raiva. Ele está frequentemente aborrecido com o bully, seus seguidores, com os espectadores passivos, com os adultos que não interferem.[19] Essa irritabilidade e a raiva parecem derivar de sentimentos de aprisionamento, estresse, impotência e baixa autoestima. Como a maioria das crianças prefere não se sentir assim, seu filho pode reprimir a raiva que tem de si mesmo; daqueles que ignoram, incentivam ou reforçam a agressão; e daqueles que praticam o bullying. Gradualmente, essa raiva internalizada deixa de ser uma emoção para se tornar parte do caráter do indivíduo. Durante esse tempo, é possível que seu filho se torne um agressor e tenha problemas para estabelecer novos relacionamentos significativos.

Nesse momento, seu filho pode ter experimentado uma mistura de sentimentos associados aos estágios anteriores, além de irritabilidade elevada, raiva e hostilidade.

Há uma crescente descrença na possibilidade de o bullying acabar, e o sentimento de desespero supera o de impotência. A vida, especialmente na escolar, parece estar fora de controle.

Desespero, ataques de ansiedade, depressão e síndrome de estresse pós-traumático

Se a criança não recebe a ajuda profissional de que necessita, todos os sentimentos experimentados anteriormente começam a se intensificar. Ela pode exibir todos os sinais de estresse pós-traumático.

- Insônia, pesadelos e acordar cedo.

- Memória prejudicada.

- Incapacidade de se concentrar.

- Vigilância extrema (parece, mas não é paranoia).

- Sobressaltos.

- Resposta exagerada de sustos.

- Hipersensibilidade.

- Irritabilidade.

- Explosões violentas de raiva.

- Dores musculares e nas articulações.

- Ataques de pânico.

- Fadiga.

- Baixa autoestima.

- Sentimentos exagerados de culpa.

- Nervosismo e ansiedade.

É possível que a criança tenha dificuldade para controlar sua raiva e chegue a exibir sinais de agressão contra si mesma e os outros.

Nesse momento, seu filho pode ter experimentado uma mistura de dor e sofrimento, constrangimento, humilhação, intimidação, medo, ansiedade, alerta extremo, falta de concentração, pensamento confuso e perda da capacidade de tomar decisões, fadiga, irritabilidade, impaciência, falta de motivação, sentimentos de inadequação, comportamento impróprio, pensamentos iniciais de retaliação, aprisionamento, solidão, abandono, rejeição, alienação, desapontamento, falta de confiança nas pessoas e na vida, propensão à rejeição (espera ser rejeitada), sigilo, negação, desejo de retraimento e de evitar a escola e outras situações sociais, vergonha tóxica, baixa autoestima, impotência, irritabilidade aumentada, raiva, hostilidade, desespero, ataques de ansiedade, depressão e possível estresse pós-traumático.

Procurar por satisfação de necessidades

Quando uma criança passou por todos os estágios anteriores, está desesperada para suprir suas necessidades de segurança, aceitação e integração.

A necessidade de pertencer e ser aceita é urgente e será preenchida de qualquer maneira. A criança fica desesperada pela aceitação dos colegas. Incapaz de encontrar aceitação nos locais certos, ela pode tentar suprir essa necessidade nos lugares errados e com pessoas erradas. Para encontrar aceitação, ele pode se unir a um grupo. Sofrer maus-tratos diariamente faz a criança se sentir insegura. Alguns grupos oferecem segurança e aceitação. Para crianças que não se sentem amadas en casa, os grupos oferecem uma "família". Grupos de usuários de drogas também oferecem aceitação e um meio de escapar mentalmente dos maus-tratos.

Seu filho corre o risco de se unir a uma seita. Líderes de seitas podem recrutá-lo, proporcionando aceitação e uma oportunidade de se sentir valorizado e importante. A líder de um grupo de estudantes que cultuam vampiros em um colégio de Kentucky disse: "Se você não for um atleta ou líder de torcida, pode ser um vampiro." Ela oferecia às crianças rejeitadas a oportunidade de participar de um grupo e tentava convencê-los a matar os pais.

Algumas crianças vítimas de maus-tratos se unem a grupos de incentivo ao ódio. Uma garota que era rejeitada pelos pais e colegas disse que finalmente havia encontrado alguém que a amava e dava a ela algo importante para fazer. Ela se referia a um grupo de estímulo ao ódio, e a "coisa importante para fazer" era distribuir panfletos que incentivavam a violência. Ela tinha tamanha necessidade de se sentir aceita e valorizada que estava disposta a fazer qualquer coisa por isso.

Mulheres vítimas de bullying podem engravidar para encontrar aceitação. Uma menina de 16 anos disse: "Quero ter um bebê, não um marido." Ela expressava verbalmente sua necessidade de amar alguém que retribuísse esse amor incondicionalmente. Ela sabia que o bebê a amaria, mesmo que ela faltasse às aulas, fosse considerada feia pelos colegas de escola e não fosse popular.

Nesse estágio, seu filho pode ter experimentado uma combinação de todos os sentimentos das fases anteriores e é provável que deseje se unir a um grupo de usuários de drogas, ou uma seita.

Ódio e ira

A raiva reprimida pode se transformar em ódio e ira. Esses sentimentos são perigosos, pois levam a criança a ignorar regras e leis. O medo, a raiva, o ódio, a hostilidade de uma pessoa que sofreu bullying alimenta a ira, e a ira, então, exige algum tipo de ação.

Nesse altura, a criança experimentou um misto de dor e sofrimento, constrangimento, humilhação, medo, ansiedade, intimidação, alerta extremo, falta de concentração, pensamento confuso, perda da capacidade de tomar decisões, fadiga, irritabilidade, impaciência, falta de motivação, sentimentos de inadequação, pensamentos iniciais de retaliação, comportamento impróprio, aprisionamento, stress, desapontamento, falta de confiança nas pessoas e na vida, propensão à rejeição (espera ser rejeitado), sigilo, negação, retraimento e esquiva, vergonha tóxica, baixa autoestima, maior irritabilidade, raiva, hostilidade, ódio e ira.

Escolhas

Quando uma criança vítima de bullying se sente impotente e sua esperança desaparece, ela percebe que tem três grandes escolhas. Essas escolhas às vezes só aumentam a confusão que ela sente e colocam a criança no meio de um dilema, porque duas dessas escolhas não são coerentes com os valores morais que a criança aprendeu.

Escolha 1: Deter o bullying por meio de retaliação — procurar vingança

O medo é uma emoção que parece estar presente em todos os estágios do bullying. Uma opção que a vítima pode levar em conta é deter o bullying de qualquer forma, independentemente das consequências. Ela pode decidir ferir ou até matar o agressor. De acordo com Allan N. Schwartz, "o medo é uma parte do mecanismo que permite às pessoas odiar e matar aqueles que percebem como inimigos". Segundo Schwartz, algumas pessoas vitimizadas desumanizam aqueles que veem como "os outros", o que torna mais fácil matá-los, uma vez que não são percebidos como humanos.[20] Michael Carneal, que atirou contra um grupo de oração, deixando três mortos e cinco feridos, no Heath High School de West Paducah, Kentucky, disse: "Eu não sabia que havia atirado, até ler o nome deles nos jornais. Sabia que seria preso, mas, na minha mente, estava deixando tudo para trás. Eu percebia minha vida como miserável. Ninguém me amava e ninguém se importava." Claro, isso não era verdade. Os pais dele o amavam muito.

Quando a vítima decide retaliar, ela sente que precisa equilibrar o desnível de poder entre ela e os agressores. Por isso, é provável que decida usar uma arma, o elemento surpresa, ou ambos. Uma colegial feriu um bully nas costas, usando uma caneta. Outro ficou esperando dentro do vestiário com um taco de beisebol. Quando o intimidador entrou, ele destruiu suas rótulas. Outro garoto esperou o momento em que o bully não estava olhando e o empurrou. O bully caiu, bateu a cabeça em um banco de concreto e morreu.

A vítima costuma atacar indivíduos específicos ou grupos que iniciaram, encorajaram ou reforçaram o bullying. Ou pode atacar o mundo, que passou a ser um lugar de experiências negativas.

Nesse caso, é comum a vítima se tornar autocentrada e interessada apenas em proteger outras vítimas. Carneal disse: "No momento dos tiros, pensei apenas em mim mesmo; não nas pessoas que seriam feridas, em suas famílias, ou na comunidade." O rapaz que se vingou, usando um taco de beisebol, disse: "Eu só queria fazê-lo parar de atormentar a mim e outras pessoas. Não queria feri-lo seriamente."

Escolha 2: Causar dano a si mesmo

Não é natural pensar em ferir ou matar alguém, por isso a criança pode escolher ferir a si mesma. Essa é outra forma de lidar com a dor e obter algum controle sobre a vida. Muitas vítimas usam álcool e drogas como forma de escapar do bullying. Esse é o caso descrito pelo jovem do e-mail no início deste capítulo. Algumas vítimas recorrem à automutilação. Eu visitava uma escola quando três garotas pediram para falar comigo. Elas me contaram que estavam se cortando porque dois garotos as atormentavam todos os dias. Algumas vítimas desenvolvem distúrbio alimentar, porque os maus-tratos persistentes as fazem sentir que a vida está fora de controle. A comida é uma forma fácil de as vítimas exercerem o autocontrole, mas infelizmente isso ocorre de maneira destrutiva.

Outras vítimas pensam em suicídio e até chegam a cometê-lo. Muitas vezes, esses pensamentos de suicídio são espontâneos e temporários. Com o apoio correto de adultos, eles desaparecem. Porém, às vezes as vítimas decidem que preferem morrer a viver no inferno. Uma garota que foi atormentada por um grupo de meninas decidiu escapar do problema se enforcando. Os pais encontraram um bilhete suicida no qual ela dizia ter se cansado dos maus-tratos.

Escolha 3: Aceitar e resolver — procurar ajuda para deter o bullying

Em vez de retaliar ou se prejudicar, seu filho pode aceitar a situação e pedir ajuda. Sair da negação e confrontar o bullying é um sinal de recuperação. Seu filho pode até procurar a ajuda de um amigo de confiança ou irmão. Muitas vítimas são mais propensas a contar aos irmãos do que aos pais. Quando seu filho contar a você ou a um irmão que está sofrendo com o bullying, leve isso a sério e cuide do problema com cuidado. Use as sugestões neste livro para abordar a situação, antes que ela fuja do controle.

Compreender por que algumas crianças passam de dor profunda a medo, ansiedade, raiva, ódio, ira e às vezes retaliação, automutilação ou suicídio pode ajudar você a tratar do problema de seu filho. O bullying enfraquece mente, coração, corpo e espírito.

Além de ajudar seu filho a escapar de uma situação de bullying, trabalhe com a escola e com a comunidade para deter essa forma de agressão em todos os lugares. Muitas crianças que sofrem com o bullying sentem-se na escuridão.

MENSAGENS-CHAVE

- O caminho da dor à vingança começa com maus-tratos persistentes e constrangimento.
- As vítimas de bullying às vezes se sentem deficientes.
- Antecipar futuros maus-tratos pode causar ansiedade grave capaz de controlar o pensamento da criança e afetar sua capacidade de tomar decisões.
- As vítimas sempre têm lembranças traumáticas do bullying, especialmente quando estão sozinhas.
- Não é incomum que vítimas de agressão sintam fadiga, o que contribui para irritabilidade, impaciência e comportamento impróprio.
- As vítimas sentem-se aprisionadas em uma situação que só vai piorar e durar muito tempo.
- O medo aumenta quando as vítimas sentem que não podem confiar na ajuda de adultos.
- Sentimentos crescentes de intimidação e inadequação reduzem a autoconfiança e levam a sentimentos de aprisionamento e medo.
- Na medida em que ansiedade e medo aumentam, os pensamentos confusos se intensificam, e não é incomum que as notas da criança caiam.
- Algumas vítimas passam por uma crise de confiança.
- As vítimas sempre tentam manter os maus-tratos em segredo e até negam, inconscientemente, o que está acontecendo.
- As vítimas frequentemente tentam lidar com os agressores evitando-os. Portanto, evitam ir à escola, a certas aulas, ou atividades.
- As vítimas podem sentir vergonha tóxica.
- Algumas vítimas têm ataques de ansiedade, ficam deprimidas, e sofrem de estresse pós-traumático.
- As vítimas podem tentar suprir a necessidade de aceitação e segurança se unindo a grupos, seitas que fazem apologia ao ódio ou usuários de drogas.

- A raiva não resolvida muitas vezes pode se transformar em ódio e ira.
- Quando os mecanismos de defesa falham, as vítimas sentem que têm três escolhas: autoataque (mutilação, suicídio), retaliação ou buscar a ajuda de um adulto de confiança.
- Os adultos precisam identificar em que ponto do bullying as vítimas se encontram e ajudar as crianças antes que seja tarde demais.

13

Trabalhe junto com a escola de seu filho

Caro Dr. Beane:

Tenho uma filha de 13 anos que está sofrendo bullying na escola. Sua autoestima é muito baixa e ela tem pensado em suicídio. Conversei com a escola e eles me informaram que existe verba do orçamento para um programa Safer Schools (Escolas Mais Seguras), mas eles ainda não encontraram um meio de introduzi-lo. Portanto, solicito respeitosamente, imploro, o que for necessário, para o senhor trazer seu programa às nossas escolas e auxiliar os diretores com a implantação do programa. Por favor, considere meu pedido com seriedade e coloque-o no topo de sua lista de prioridades. A vida de minha filha depende disso.

Para libertar as escolas do bullying, pais, professores, funcionários, estudantes e representantes da comunidade devem trabalhar juntos. Toda criança tem o direito de se sentir segura na escola. Portanto, como o bullying ocorre em maior ou menor grau em todas as escolas, começando por volta dos 3 anos, um programa antibullying deve ser implementado em todas as séries e em todas as escolas. A mensagem de e-mail acima expressa a urgência necessária para estabelecer tal programa. Os pais desempenham um papel fundamental no incentivo a implementação de um programa antibullying. Para que uma ação antibullying seja

206 PROTEJA SEU FILHO DO BULLYING

eficiente, seu envolvimento e apoio são necessários. Aqui vão algumas sugestões:

- Pergunte ao diretor da escola de seu filho (ou a um professor ou orientador) se há um "Abaixo Assinado" que você possa assinar para manifestar seu apoio ao esforço antibullying. Se houver, diga a eles que você deseja apoiar o programa e participar das reuniões e atividades voltadas à prevenção do bullying.

- Quando seu filho levar para casa informações ou lições relacionadas ao bullying, reveja esse material com ele. Faça uma cópia do dever de casa ou algumas anotações com relação à informação. Ocasionalmente, durante reuniões de família ou conversas informais, lembre seu filho daquilo que aprendeu com aquela lição de casa. Reforce o que é ensinado na escola.

- Seja um voluntário na supervisão das áreas de alto risco (como playgrounds, escadas, corredores, cantina, banheiros, estacionamentos, paradas de ônibus e assim por diante). Esses são os locais nos quais o bullying ocorre com mais frequência por causa da ausência adequada de supervisão de adultos. Indique também sua disponibilidade para ser treinado e supervisionar de maneira eficiente as áreas que lhe forem designadas.

- Apoie as normas antibullying da escola de seu filho. Se a escola tem um regulamento, peça uma cópia. Estude-o com seu filho e certifique-se de que ele a entende e apoia. Diga a ele que se algum dia maltratar alguém diretamente ou incentivar um bully, você apoiará a escola na aplicação das punições, e aplicará outras adicionais em casa.

- Ajude seu filho a desenvolver quadros de aviso antibullying nas salas de aula e nos corredores. Os recursos podem ser encontrados no site www.bullyfree.com. Esses avisos alertam sobre a prevenção e a eliminação do bullying.

- Incentive a escola a usar relatórios ou "Caixas de bully" e adotar uma linha telefônica, para que os alunos possam denunciar

Trabalhe junto com a escola de seu filho **207**

anonimamente os maus-tratos. Algumas escolas já estabeleceram sistemas de e-mail anônimos para esse tipo de denúncia. Outra possibilidade é colocar caixas sobre a mesa do professor onde os alunos possam depositar qualquer tipo de reclamação ou comunicado, incluindo qualquer comentário positivo que quiserem fazer. Os alunos sempre se sentem mais confortáveis com esse tipo de comunicação.

- Estimule a escola de seu filho a dar mais estrutura ao recreio ou estabelecer horários diferentes para os alunos mais velhos e os mais novos. Isso significa que os alunos terão de planejar suas atividades antes de sair para o intervalo. Essa é uma forma de garantir que todos os estudantes sejam incluídos e que nenhum tente dominar as decisões no playground. A escola também pode restringir o acesso de alunos mais velhos a determinada área do playground. Certas áreas, como atrás de edifícios, podem ser delimitadas como de acesso proibido, pelo uso de tinta spray no chão, ao lado dos prédios, para indicar as fronteiras da área em que as crianças podem brincar.

- Incentive a escola a adquirir equipamento seguro, de boa qualidade e interessante para o playground. Pesquisas indicam que, quando o equipamento é interessante e está em boas condições, ele pode ajudar a reduzir problemas de comportamento no playground. Quando as crianças estão aborrecidas, há sempre mais conflito.

- Incentive a escola de seu filho a oferecer um programa de reuniões para os estudantes e proporcionar um treinamento antibullying para todos os funcionários. O programa de reuniões é só o primeiro passo. Ele deve ser seguido sempre de treinamento. Muitas vezes, as reuniões das escolas são agendados pelo orientador, ou o diretor designa tarefas para um professor. Sempre que uma reunião antibullying for marcada, todo o pessoal da escola, incluindo enfermeiras, secretárias, vigias e motoristas de ônibus, precisa participar. Algumas sessões serão mais apropriadas

208 PROTEJA SEU FILHO DO BULLYING

para professores, orientadores, psicólogos e administradores. Visite www.bullyfree.com para ter uma descrição dos diferentes tipos de treinamento que podem ser oferecidos.

- Incentive a escola de seu filho a adquirir informações sobre maus-tratos — livros para os professores, orientadores, alunos e pais; vídeos, pôsteres e panfletos. O bullying tem sido um assunto muito discutido, e várias empresas estão desenvolvendo produtos que podem ser utilizados pelas escolas. O exemplo de um programa eficiente é o Bully Free Program (www.bullyfree.com).

- Incentive a escola de seu filho a comprar e instalar equipamentos de segurança (câmeras de vídeo, máquinas fotográficas, detectores de metal e espelhos curvos) para os playgrounds, ônibus e outras áreas em que não há muita supervisão de adultos. Algumas escolas instalam câmeras até mesmo nas salas de aula.

- Caso a escola não obrigue o uso de uniformes, incentive a fazê-lo. Um uniforme não impedirá o bullying, mas eliminará um fator de provocação: as roupas. Os uniformes também são uma forma de reduzir problemas disciplinares nas escolas.

- Incentive a escola a contratar oficiais de vigilância e segurança; eles podem ajudar na supervisão das áreas de alto risco e desenvolver relacionamentos significativos com os alunos.

- Trabalhe com outros pais da comunidade e estabeleça "locais seguros" entre a escola e a casa das crianças. Alguns pais também estabeleceram uma rede telefônica, de modo que as crianças possam telefonar para outros pais e pedir ajuda, se não puderem encontrar os próprios pais.

- Peça à escola para repensar a função dos orientadores ou contratar outros, de maneira que eles possam aconselhar e orientar melhor os alunos com problemas. Frequentemente, um orientador atua como assistente de diretoria. Muitos estão bastante envolvidos com o processo didático e costumam visitar as salas de aula para falar sobre o bullying.

- Peça à escola que estabeleça um sistema para apagar das paredes pichações ofensivas ou agressivas. Normalmente, essa função é do zelador. O responsável por isso, seja ele quem for, deve manter um registro dos comentários que degradam ou ameaçam a segurança dos alunos.

- Peça para criar um programa de boas vindas ou um comitê de recepção para os novos alunos. Ofereça-se para ajudar a desenvolvê-lo. Os comitês devem incluir alunos que receberão e acolherão os novatos. Os membros do comitê podem apresentar o novo colega ao pessoal da escola e a outros estudantes, e acompanhá-los aos eventos.

- Peça à escola para promover reuniões com grupos de estudantes, bem como com os pais, para discutir o bullying e outras questões de segurança escolar. Ofereça-se para coordenar ou supervisionar essas reuniões. Você também pode pedir ajuda a diferentes grupos de pais. Antes da reunião, peça a um deles que anote os nomes dos presentes e seus comentários, recomendações e decisões tomadas no encontro.

- Um programa antibullying não pode ter sucesso sem seu apoio, incentivo, e envolvimento. Procure se manter envolvido nos esforços da escola de seu filho.

PROTEJA SEU FILHO DO BULLYING

MENSAGENS-CHAVE

- Para libertar as escolas do bullying, pais, funcionários, alunos e representantes da comunidade devem trabalhar juntos.
- Seja voluntário na supervisão de áreas de alto risco (corredores, playgrounds, ônibus e paradas de ônibus, cantina, estacionamentos, escadas, vestiários, áreas comuns e assim por diante).
- Apoie as normas antibullying da escola de seu filho.
- Incentive a escola de seu filho a adotar um programa antibullying.

Conclusão

Caro Dr. Beane:

Você não me conhece, mas achei que devia informá-lo de que seu programa salvou a vida de meu filho. Obrigado e que Deus o abençoe!

Esse e-mail sintetiza tudo que é importante para mim. Espero que este livro seja útil para você e sua família e que salve mais crianças da dor do bullying. Continue procurando por livros que possam ajudá-lo. Você também encontrará muito material útil na internet: procure sites que você pode visitar para se informar sobre o assunto.

Você conhece seu filho melhor do que ninguém, por isso deve decidir que estratégias são melhores para a criança e para sua família. Como mencionei ao longo deste livro, seu envolvimento em um programa de prevenção do bullying na escola de seu filho é essencial. Por favor, não hesite em ajudar a escola a estabelecer tal programa. Ajude-me a passar esperança para as vítimas de maus-tratos e ajudar as crianças que praticam o bullying a mudar.

Espero que seu filho esteja livre das agressões. E que a vida dele seja repleta de saúde, paz e felicidade. Que este traga luz à escuridão. Que seu filho leve luz à escuridão dos outros.

Anexo

Questões de revisão da criança

- Como são os relacionamentos do meu filho?
- Meu filho passa muito tempo sozinho?
- Ele tem pelo menos um bom amigo?
- Ele respeita minha autoridade?
- Qual é sua atitude com relação à escola?
- Ele vai bem na escola?
- Ele demonstra respeito por mim?
- Como é sua saúde física?
- Meu filho dorme muito ou pouco?
- Como é sua saúde emocional?
- Meu filho parece triste, cansado, inquieto ou de alguma forma perturbado?
- Meu filho tem explosões frequentes de gritos, queixas ou choro?
- Como vai sua saúde espiritual?
- Ele é obediente?
- Ele precisa ser controlado? Ele é controlador?
- Ele é capaz de assumir compromissos de maneira apropriada?
- Ele procura a atenção dos outros?
- Ele se aceita?

- Meu filho exibe sinais de uso de álcool ou drogas?
- Ele carece de autoconfiança?
- Seus valores são coerentes com os meus?
- Ele tem algumas áreas de interesse especial?
- Como ele passa o tempo livre?
- O que desperta fortes sentimentos nele?
- Ele entende que seu comportamento tem consequências?
- Ele entende como seu comportamento afeta outras pessoas?
- De quem ele mais gosta e por quê?
- Com o que ele mais se preocupa?
- O que ele mais gosta em si mesmo?
- O que ele menos gosta em si mesmo?
- O que ele quer fazer quando crescer?
- Que tipo de música ele mais ouve?
- De que programas de televisão ele mais gosta?
- Que sites da internet ele visita?
- Ele maltrata outras pessoas?
- Outras pessoas o maltratam?
- Meu filho fala sobre morte ou suicídio?

Notas

Capítulo 1

1. Roberts, 2006.
2. Olweus, 1978.
3. Citado em Cassidy, 1999.
4. Olweus, 1978.
5. Besag, 1989.
6. Elliott, 1991.
7. Teachsafeschools.org, 2007
8. National Youth Violence Prevention Resource Center, 2006.
9. Teachsafeschools.org, n.d.
10. Teachsafeschools.org, n.d.
11. Olweus, 1993.
12. American Medical Association, n.d.

Capítulo 3

1. Cash and Pruzinsky, 2002.
2. Aharon et al., 2001.
3. Olweus, 1994.
4. Wirth and Schultheis, 2007.
5. Byrne, 1994.
6. Clark, 1993.
7. "Research on the Effects of Media Violence" (Pesquisa sobre os Efeitos da Violência da Mídia), 2007.
8. "Research on the Effects of Media Violence" (Pesquisa sobre os Efeitos da Violência da Mídia), 2007.
9. "Research on the Effects of Media Violence" (Pesquisa sobre os Efeitos da Violência da Mídia), 2007.

216 PROTEJA SEU FILHO DO BULLYING

10. Mueller, 1999.
11. "Can a Video Game Lead to Murder?" (Pode um Videogame Levar a Assassinato?), 2005.
12. Radio Advertising Bureau, 2002.
13. Radio Advertising Bureau, 2002.
14. Radio Advertising Bureau, 2002.
15. Terry e Jackson, 1985.
16. Shaughnessy, 2007.
17. Powdermaker e Storen, 1944.
18. Sanford, 1995.
19. Sanford, 1995.
20. Olweus, 1995.
21. Olweus, 1993.
22. Rigby, 1996.
23. O'Moore e Kirkham, 2001.
24. Citado em Garbarino, 1999.
25. Stephenson e Smith, 1991; Elliot, 1994.

Capítulo 4

1. Dobson, 1988, p.38.
2. Dobson, 1988, pp. 32-33.
3. Ziglar, 1989.
4. Dobson, 1988.
5. Ginott, 1969.
6. Ziglar, 1989.
7. Tripp, 1995.
8. Federal Communications Commission, 2007.
9. Shifrin, 1998.
10. Grossman, 1999.
11. Elliot, 1996.
12. Grossman, 1999.
13. "Sex and Violence... and It's on the Radio" (Sexo e Violência... e Está no Rádio), 2005.
14. National Crime Prevention Council, 2007.

Capítulo 5

1. "SVRC Briefing Papel: Bullying", 2001.

Capítulo 6

1. Dellasega e Nixon, 2003.
2. Dellasega e Nixon, 2003.
3. National Center for Posttraumatic Estresse Disorder, 2007.
4. Weissman e outros, 1999.
5. American Academy of Experts in Traumatic Stress, 2003.

Capítulo 7

1. Belsey, n.d.
2. Van Auken, 2005.
3. Van Auken, 2005.
4. Gabinete do Procurador-Geral, Commonwealth de Kentucky, 2007.
5. Gabinete do Procurador-Geral, Commonwealth de Kentucky, 2007.
6. Center for Safe and Responsible Internet Use (Centro para o Uso Seguro e Responsável da Internet), 2005.
7. Stopcyberbullying.org, n.d.
8. Agatston, 2007.
9. Manke, 2005.
10. Gabinete do Procurador-Geral, Commonwealth de Kentucky, 2007.
11. Gabinete do Procurador-Geral, Commonwealth de Kentucky, 2007.
12. Gabinete do Procurador-Geral, Commonwealth de Kentucky, 2007.
13. Belsey, n.d.

Capítulo 11

1. Olweus, 1993.

Capítulo 12

1. Miller e Beane, 1999.
2. Marr e Field, 2001.
3. Simmons, 2002.
4. Miller e Beane, 1999.
5. Marr e Field, 2001, p. xiii.
6. Mottet e Thweatt, 1997.
7. Mottet e Thweatt, 1997, p. 245.
8. Miller e Beane, 1999.
9. Marr e Field, 2001, p. 245.
10. Ross, 1996.
11. Kochenderfer e Ladd, 1996.
12. Banks, 1997.
13. Ross, 1996.
14. Olweus, 1995.
15. van der Kolk e Fishler, 1995.
16. Garbarino, 1999.
17. Garbarino, 1999, pp. 58-59.
18. Schwartz, 2006.
19. Miller, Beane, e Kraus, 1998.
20. Schwartz, 2006.

Bibliografia

Agatston, P. (2007). Dicas para denunciar perfis ofensivos a sites de relacionamento social (compilado). Disponível em www.cyberbullyhelp.com/Help%20 tips%20for%20Reporting%20Offensive%20Profiles.pdf

Aharon, I., Etcoff, N., Ariely, D., Chabris, C. F., O'Connor, E., & Breiter, H. C. (2001). Beautiful faces have variable reward value: fMRI e behavioral evidences. (Rostos bonitos têm diferentes valores de recompensa: IRM e evidências comportamentais). *Neuron, 32,* 537-551.

American Academy of Experts in Traumatic estresse. (2003). *A pratical guide for crisis response in our schools* (5a. ed.). Nova York: Autor.

American Academy of Pediatrics, (2003). Media alert: AAP addresses Colorado shooting. (Alerta da Mídia: discursos AAP sobre o atentado a bala no Colorado). Extraído em 16 de julho de 2007 de www.aap.org. (Esta página da web não está mais disponível.)

American Psychiatric Association. (1994). *Diagnostic and statistical manual of mental disorders* (4a. ed.). Washington, DC: American Psychiatric Publishing.

Arp, D., & Arp, C. (2003). *Answering the eight cries of the spirited child.* Los Angeles: Howard.

Atlas, R. S., & Pepler, D. J. (1998). Observações de bullying na sala de aula. *Journal of Educational Research, 92*(2), 86-99.

Banks, R. (1997). *Bullying in schools* (Report No. EDDY-PS-97-17). Champaign, IL: ERIC Clearinghouse on Elementary and Early Childhood Education. (ERIC Document Reproduction Service No. ED 407154)

Beane, A. L. (1999). *The bully free classroom.* Minneapolis, MN: Free Spirit.

Beane, A. L. (2003). *What are the possible causes of bullying?* Murray, KY: Bully Free Systems.

Beane, A. L. (2003). *What is the nature of bullying?* Murray, KY: Bully Free Systems.

Beane, A. L. (2003). *Why are some victims of bullying retaliating?* Murray, KY: Bully Free Systems.

Beane, A. L. (2003). *Why should bullying be prevented and stopped?* Murray, KY: Bully Free Systems.

Beaudoin, M.-N., & Taytor, M. (2004). *Breaking the culture of bullying and disrespect, grades K-8.* Thousands Oaks, CA: Corwin Press.

220 PROTEJA SEU FILHO DO BULLYING

Belsey, B. Cyberbullying: An emerging threat to the "always on" generation, (Uma ameaça emergente à geração "sempre em frente"). Extraído em 17 de julho de 2007 de http://cyberbullying.ca/pdf/Cyberbullying_Article_by_Bill_Belsey.pdf.

Benson, P. L., Galbraith, J., & Espeland. P. (1994). *What kids need to succeed*. Minneapolis, MN: Free Spirit.

Besag, V E. (1989). *Bullies and victims in schools*. Milton Keynes, U.K.: Open . University Press.

Birmaher, B., Brent, D. A., & Benson, R. S. (1998). Summary of the practice parameters for the assessment and treatment of children and adolescents with depressive disorders (Resumo dos parâmetros práticos para avaliação e tratamento de crianças e adolescents com desordens depressivas). *Journal of the American Academy of Child and Adolescent Psychiatry*, 37- 1234-1238.

Birmaher, B., Ryan, N. D., Williamson, D. E., Brent, D. A., Kaufman, J., Dahl. R. E., Perel, J., & Nelson, B. (1996). Childhood and adolescent depression: A review of the past ten years (Depressão em crianças e adolescentes: uma revisão dos últimos dez anos). Part I. *Journal of the American Academy of Child and Adolescent Psychiatry*, 35, 1427-1439.

Bluestein, J. (1997). *The parent's little book of lists*. Deerfield Beach, FL: Health Comunications

Bowman, D. H. (2 de maio de 2001). Survey of students documents the extent of Bullying (Pesquisa de estudantes documenta a extensão do bullying). *Education Week*, 20(33), 11.

Bullying: No Way! (2004). Socioeconomic status. Disponível em www.bullyingnoway.com.au/issues/socioeconomic.shtml.

Byrne, B. (1993). *Coping with bullying in schools*, Blackrock, Ireland: Columba Press.

Byrne, B. (1994). *Bullying: A community approach*. Blackrock, Ireland: Columba Press.

Cairns, R. B., Cairns, B. D., Neckenman, H. J., Gest, S., & Gariepy, J. L (1988). Peer networks and aggressive behavior: Social support or social rejection? (Grupos de iguais e comportamento agressivo: Apoio social ou rejeição social?) *Developmental Psychology*, 24, 815-823.

Can a video game lead to murder? (Pode um vídeo game levar a assassinato?) (19 de junho de 2005). CBS News. Disponível em www.cbsnews.com/stories/2005/06/17/60minutes/main702599.shtml.

Cash, T. F. & Pruzinsky, T., eds. (2002). *Body image: a handbook of theory, research, and clinical practice*. New York: Guilford Press.

Cassidy, S. (24 de dezembro de 1999). Beware the "pure bully" who never takes time off. (Atenção ao "bully puro" que nunca tira folga). *Times Educational Supplement*, p. 3.

Bibliografia 221

Center for Safe and Responsible Internet Use. (2005). A parent's guide to cyberbullying and cyberthreats. Disponível em www.nisd.net/webwarning/pdf/cbctparents.pdf.

Clark, C.S. (26 de março de 1993). TV violence. *CQ Researcher, 3*(12), 167-187.

Coughlin, P. (2007). *No more jellyfish, chickens, or wimps: Raising secure, assertive kids in a tough world.* Minneapolis, MN: Bethany House.

Crosbie, S. (31 de março de 2003). When bullying reaches into cyberspace (Quando o bullying atinge o cyberespaço). *Kingston Whig-Standard.* Disponível em www.cyberbullying.ca/whig_standard_march_31_2003.html.

Dellasega, C., & Nixon, C. (2003). *Girl wars: Twelve strategies that will end female bullying.* New York: Simon & Schuster.

Dobson, J. (1988). *Dare to discipline.* Wheaton, IL: Tyndale House.

Elliott, M. (1991). Bullies, victims, signs, solutions. In M. Elliott (Ed.), *Bullying: A practical guide to coping for schools* (pp. 8-14). Londres: Longman.

Elliott, M. (1994). *Keeping safe: A practical guide to talking with children.* Londres: Hodder and Stoughton.

Elliott, M. (1996). *501 ways to be a good parent.* London: Hodder and Stoughton.

Espelage, D. L., & Swearer, S. M. (Eds.). (2004). *Bullying in American schools: A social-ecological perspective on prevention and intervention.* Mahwah, NJ: Erlbaum.

Federal Communications Commission. Television viewing (fact sheet). Disponível em http://fcc.gov/Bureaus/Mass_Media/Factsheets/factvchip. html.

Fleming, J. E., & Offord, D. R. (1990). Epidemiology of childhood depressive disorders: A critical review. (Epidemiologia de desordens depressivas na infância: uma revisão crítica). *Journal of the American Academy of Child and Adolescent Psychiatry, 29,* 571-580.

Fox, J., Elliott, D., Kerlikowske, R., Newman, S., & Christeson, W. (2003). *Bullying prevention is crime prevention.* Washington, DC: Fight Crime: Invest in Kids.

Freedman, J. S. (2002). *Easing the teasing.* Chicago: Contemporary Books.

Fried, S., & Fried, P. (1996). *Bullies and victims: Helping your child survive the schoolyard battlefield,* Nova York: Evans.

Garbarino, J. (1999). *Lost boys.* Nova York: Free Press.

Garbarino, J., & deLara, E. (2002). *And words can hurt forever.* Nova York: Free Press.

Garrity, C., Baris, M., & Porter, W. (2000). *Bully proofing your child: A parent's guide.* Longmont, CO: Sopris West.

Garrity, C.Jens, K., Porter, W., Sager, N., & Short-Camilli, C. (1996). *Bullyproofing your school: A comprehensive approach for elementary schools.* Longmont, CO: Sopris West.

Geller, B., & Luby, J. (1997). Child and adolescent bipolar disorder: A review of the past ten years. (Desorden bipolar na criança e no adolescente: uma revisão dos

222 PROTEJA SEU FILHO DO BULLYING

últimos dez anos). *Journal of the American Academy of Child and Adolescent Psychiatry*, 36, 1168-1176.

Giannetti, C. C., & Sagarese, M. (2001). *Cliques: Eight steps to help your child survive the social jungle*. Nova York: Broadway Books.

Ginott, H, G. (1969). *Between parent and teen-ager*. Nova York: Avon Books.

Glenn, H, S., & Nelsen, J. (1989). *Raising self-reliant children in a self-indulgent world*. Rocklin.CA: Prima.

Greenbaum, S., Turner, B., & Stephens, R. (1989). *Set straight on bullies*. Malibu, CA: Pepperdine University Press.

Grossman, D. (1999). *Stop teaching our kids to kill*. Nova York: Crown.

Hawker, D.S.J., & Boulton, M- J. (2000). Twenty years' research on peer victimization and psychosocial maladjustment: A meta-analytic review of cross-sectional studies. *Journal of Child Psychology and Psychiatry and Allied Disciplines*, 41, 441-455.

Hazler, R. J., Hoover, J. H., & Oliver, R. L. (1991). Student perceptions of victimization by bullies in school (Percepção dos alunos sobre a vitimização por bullies na escola). *Journal of Humanistic Education and Development*, 29, 143-150.

Hoover, J. H., & Oliver, R, L. (1996). *The bulying prevention handbook: A guide for principals, teachers, and counselors*. Bloomington, IN: National Educational Service.

Hoover, J. H,, Oliver, R. L., & Hazler, R. J. (1992). Bullying: Perceptions of adolescent victims in the midwestern U.S.A (Bullying: Percepções de vítimas adolescentes no meio-oeste dos Estados Unidos). *School Psychology International*, 13, 5-16.

Hoyert, D. L, Kochanek, K. D., & Murphy. S. L. (1999). Deaths: Final data for 1997. *National Vital Statistics Reports*, 47(19). DHHS Publication No. (PHS) 99-1120. Hyattsville, MD: National Center for Health Statistics. Disponível em www.cdc.gov/nchs/data/nvsr/nvsr47/nvs47_19.pdf. i-SAFEAmerica. (maio de 2005). Beware of the cyber bully. Disponível em www.isafe.org/imgs/pdf/education/CyberBullying.pdf.

Kidscape. *You can beat bullying: A guide far young people*. Londres: Kidscape.

Klerman, G. L., & Weissman, M. M. (1989). Increasing rates of depression. (Índices crescents de depressão). *Journal of the American Medical Association*, 261, 2229-2235.

Kochenderfer, B. J., & Ladd, G. W. (1996). Peer victimization: Cause or consequence of school maladjustment? (Vitimização de pares: Causa ou consequência de desajuste escolar?) *Child Development*, 67, 1305-1317.

Kovacs, M. (1997). Psychiatric disorders in youths with IDDM: Rates and risk factors (Desordens psiquiátricas em jovens com IDDM: Índices e fatores de risco). *Diabetes Care*, 20(1), 36-44.

Kovacs, M., Feinberg, T. L., Crouse-Novak, M. A., Paulauskas, S. L., & Finkelstein, R. (1984). Depressive disorders in childhood. I. A longitudinal prospective study of characteristics and recovery (Desordens depressivas na infância. I. Um estudo prospectivo longitudinal de características e recuperação). *Archives of General Psychiatry*, 41, 229-237.

Kreidler, W. J. (1996). Smart ways to handle kids who pick on others. (Maneiras astutas de lidar com crianças que provocam as outras). *Instructor*, 105(2), 70-74.

Leonard, W. M (1988). *A sociological perspective of sport* (3a. ed.). Nova York: Macmillan.

Lewinsohn, P. M, Rohde, P., & Seeley,J. R. (1998). Major depressive disorder in older adolescents: Prevalence, risk factors, and clinical implications (Importantes desordens depressivas em adolescentes mais velhos: Prevalência, fatores de risco, e implicações clínicas). *Clinical Psychology Review*, 18, 765-794.

Locke, D. C. (1992). *Increasing multicultural understanding: A comprehensive model*. Thousand Oaks, CA: Sage.

Manke, B. (março de 2005. The impact of cyberbullying. (O impacto do cyberbullying). Disponível em www.mindoh.com/docs/BM_Cyberbullying.pdf.

Many students engage in bullying. (1999). Disponível em www.appleforhealth.com/bullying.html.

Marr, N., & Field, T. (2001). *Bullycide: Death at playtime*. Didcot, Inglaterra: Success Unlimited.

Maudlin, K. (2002), *Sticks and stones*. Nashville, TN: Nelson.

McDill, S. R., Jr., & Stephens, R. D. (1993). *Raising safety-smart kids*. Nashville, TN: Nelson.

Middletown-Moz, J., & Zawadski, M. L. (2002). *Bullies: From the playground to the boardroom*. Deerfield Beach, FL: Health Communications.

Miller, T. W., & Beane, A. L. (1999). Clinical impact on child victims of bullying in the schools. (Impacto clínino em crianças vítimas de bullying nas escolas). *Directions*, 9(10), 126.

Miller, T. W., Beane, A. L., & Kraus, R. F (1998). Clinical and cultural issues in diagnosing and treating child victims of abuse (Questões clínicas e culturais no diagnóstico e tratamento de crianças vítimas de abuso). *Child Psychiatry and Human Development*, 29(1),30-31.

Monroe. S. M., Rohde, P., Seeley, J. R., & Lewinsohn, P. M. (1999). Life events and depression in adolescence: Relationship loss as a prospective risk factor for first onset of major depressive disorder (Eventos da vida e depressão na adolescência: perda de relacionamento como um fator de risco prospectivo para o primeiro surto de desordem depressiva importante). *Journal of Abnormal Psychology*, 108, 606-614.

224 PROTEJA SEU FILHO DO BULLYING

Mottet, T. P., & Thweatt, K. S. (1997). The relationship between peer teasing, self-esteem, and affect for school (A relação entre provocação dos pares, autoestima, e afeto pela escola). *Communication Research Reports,* 14,241-248.

Mueller, W. (1999), *Understanding today's youth culture (For parents, teachers, and youth leaders).* Wheaton, IL: Tyndale House.

National Center for Posttraumatic estresse Disorder. (2007). Frequently asked questions (FAQ). Disponível em www.ncptsd.va.gov/ncmain/ncdocs/fact_shts/ fs_faqs_on_ptsd.html.

National Crime Prevention Council. Protect children from gun violence. (2007). Disponível em www.ncpc.org/topics/by-audience/parents/guns.

National Institute of Mental Health, (setembro de 2000). Depression in children and adolescents: A fact sheet for physicians. (NIH Publication No. 00-4744). Bethesda, MD: National Institute of Mental Health. Disponível em www.sthealth.com/Consumer/disorders/ ChildDepression.html.

National Youth Violence Prevention Resource Center. (2006). Bullying. Disponível em www.safeyouth.org/scripts/teens/bullying.asp.

Newman, K. S., Fox, C., Harding, D. J., Mehta, J., & Roth, W. (2004). *Rampage: The social roots of school shootings.* Nova York: Basic Books.

Gabinete do Procurador Geral, Commonwealth of Kentucky. (2007). "Cyberbullying." Disponível em http://ag.ky.gov/cybersafety/ cyberbullying.htm.

Olweus, D. (1978). *Aggression in schools: Bullies and whipping boys.* Washington, D.C.: Hemisphere.

Olweus, D. (1993). *Bullying at school: What we know and what we can do.* Cambridge, MA: Blackwell.

Olweus, D. (1994). *Bullying at school: Facts and effects of a school-based intervention program* (Fatos e efeitos de um programa de intervenção baseado na escola). *Journal of Child Psychiatry,* 35(7), 1171-1190.

Olweus, D. (1995). Bullying or peer abuse at school: Facts and intervention (Bullying ou abuso de pares na escola: Fatos e intervenção). *Current Directions in Psychological Science,* 4(6), 196-200.

O'Moore, M., & Kirkham, C. (2001). Self-esteem and its relationship to bullying behavior (Autoestima e sua relação com o comportamento de bullying). *Aggressive Behavior,* 27, 269-283.

Parsons, L. (2005). *Bullied teacher, bullied student.* Markham, Ontario: Pembroke.

Pepler, D. J., Craig, W. M., & Roberts, W. (1998). Observations of aggressive and nonaggressive children on the school playground (Observações de crianças agressivas e não agressivas no playground da escola). *Merrill-Palmer Quarterly,* 44(1), 55-76.

Bibliografia 225

Pepler, D. J., Craig, W. M., Ziegler, S., & Charach, A. (1994). An evaluation of an anti-bullying intervention in Toronto schools (Uma avaliação de intervenção antibullying em escolas de Toronto). *Canadian Journal of Community Mental Health*, 13, 95-110.

Peretti, F. (2000). *The wounded spirit.* Nashville, TN: Word.

Powdermaker, H., & Storen, H. E (1944). *Probing our prejudices: A unit for high school students.* Nova York: HarperCollins.

Radio Advertising Bureau. (2002). *Radio marketing guide and fact book for advertisers* (ed. 2002-2003). Nova York: Author.

Research on the effects of media violence (Pesquisa sobre os efeitos da violência na mídia). (2007). Media Awareness Network. Disponível em www.media-awareness.ca/english/issues/violence/effects_media_violence.cfm.

Rigby, K. (1996). *Bullying in schools and what to do about it.* Melbourne: Acer.

Roberts, W. B., Jr. (2006). *Bullying from both sides.* Thousand Oaks, CA: Corwin Press.

Ross, D. M. (1996). Childhood bullying and teasing: What school personnel, other professionals, and parents can do (Bullying e provocação na infância: O que funcionários da escola e pais podem fazer). Alexandria, VA: American Counseling Association.

Ryan, N. D., Puig-Antich, J., Ambrosini, P., Rabinovich, H., Robinson, D., Nelson, B., Iyengar, S., & Twomey, J. (1987). The clinical picture of major depression in children and adolescents (O panorama clínico de depressão importante em crianças e adolescentes). *Archives of General Psychiatry*, 44, 854-861.

Sanford, D. (1995). *How to answer tough questions kids ask.* Nashville, TN: Nelson.

Scaglione, J., & Scaglione, A. R. (2006). *Bully-proofing children: A practical, hands-on guide to stop bullying.* Lanham, MD: Rowman & Littlefield.

Schoolyard bullying goes high-tech. (29 de julho de 2003). *Paducah Sun.*

Schwartz, A. N. (2006). Hatred, terrorism and trauma (Ódio, terrorismo e trauma). Disponível em www.mentalhelp.net/poc/view_doc.php?type=doc&id=11055&cn=220. Sex and violence ... and it's on the radio (Sexo e violência... e está no radio). (3 de fevereiro de 2005). *Today.* Disponível em www.msnbc.msn.com/id/6901467/.

Shaffer, D., & Craft, L. (1999). Methods of adolescent suicide prevention (Métodos de prevenção de suicídio adolescente). *Journal of Clinical Psychiatry*, 60(Suppl. 2), 70-74, 75-76,113-116.

Shaffer, D., Gould, M. S., Fisher, P., Trautman, Moreau, D., Kleinman, M. & P., Flory, M. (1996). Psychiatric diagnosis in child and adolescent suicide (Diagnóstico psiquiátrico em suicídio de crianças e adolescentes). *Archives of General Psychiatry*, 53, 339-348.

226 PROTEJA SEU FILHO DO BULLYING

Sharp, S., & Smith, P. K. (Eds.). *Tackling bullying in your school.* Nova York: Routledge.

Shaughnessy, M, F (21 de junho de 2007). Uma entrevista com Chuck Hellman, autor de LuckySports, a Série Bully. EdNews.org. Disponível em www.ednews. org/articles/1325 9/1 /An- Interview- with-Chuck-Hellman-Author-of-LuckySports-The-Bully-Series/Page1.html.

Shifrin, D. (agosto de 1998). Three-year study documents nature of television violence (Estudo de três anos documenta natureza da violência na televisão). *AAP News,* 14(8), 23.

Simmons, R. (2002). *Odd girl out: The hidden culture of aggression in girls.* São Diego: Harcourt.

Spaide, D. (1995). *Teaching your kids to care.* Nova York: Carol.

Stephenson, P., & Smith, D. (1994). Why some schools don't have bullies (Por que algumas escolas não têm bullies). Em Elliott (Ed.), *Bullying: A practical guide to coping for schools.* Londres: Longman.

Stopcyberbullying.org. (n.d.)- Stop cyberbullying. Disponível em www.stop cyberbullying.org/parents/guide.html.

Sullivan, K., Cleary, M., & Sullivan, G. (2005). *Bullying in secondary schools: What it looks like and how to manage it.* Londres: Chapman.

SVRC briefing paper: Bullying. (setembro de 2001). Disponível em ww.svrc.net/Files/Bullying.pdf.

Teachsafeschools.org. (n.d.). How widespread is bullying? (Em que medida o bullying está disseminado?) Disponível em www.teachsafeschools.org/bully_menul.html#4.

Terry, P C., & Jackson, J. J. (1985), The determinants and control of violence in sport (As determinantes e o controle da violência no esporte). *Quest,* 37(1), 27-37.

Thompson, M., & Cohen, L, J., with Grace, C. O. *Mom, they're teasing me: Helping your child solve social problems.* Nova York: Ballantine Books.

Tripp, T. (1995). *Shepherding a child's heart.* Wapwallopen, PA: Shepherd Press. U.S. Department of Education. (2007). Exploring the nature and prevention of bullying (Explorando a natureza e a prevenção do bullying). Disponível em www.ed.gov/admins/lead/safety/training/bullying/bullying_pg9.html.

Van Auken, E. (março de 2005). Behind the screen: Is there a bully in the house? (Por trás da cortina: Há um bully na casa?). Disponível em www.mindoh.com/docs/EVA_Cyberbullyirig.pdf.

van der Kolk, B. A., & Fishler, R. (1995). Dissociation and the fragmentary nature of traumatic memories: Overview and exploratory study (Dissociação e a natureza fragmentária das lembranças traumáticas: Visão geral e estudo exploratório). *Journal of Traumatic Stress*, 8, 505-525. Disponível em www.trauma-pages. com/a/vanderk2.htm.

Weinhold, B., & Weinhold, J, (1998). Conflict resolution: The partnership way in schools (Resolução de conflitos: O caminho da parceira nas escolas). *Counseling and Human Development*, 30(7), 1-12.

Weissman, M.M., Wolk, S., Goldstein, R. B., Moreau, D., Adams, P., Greenwald, S., Klier, C. M. Ryan, N. D. Dahl, R. E., & Wickramaratne, P. (1999). Depressed Adolescents grown up (Adolescentes deprimidos adultos). *Journal of the American Medical Association*, 281, 1701-1713.

Wirth, M. M., & Schultheis, O.C. (2007). Basal testosterone moderates responses to anger faces in humans (Testosterona basal modera respostas a rostos raivosos em humanos). *Physiology and Behavior*, 90, 496-505.

Ziglar, Z. (1989), *Raising positive kids in a negative world*. Nova York: Ballantine Books.

Zolten, K., & Long, N. (1997). Family Meetings. Center for Effective Parenting. Disponível em, www.parenting_ed.org/handout3/Discipline%20and%20Intervention%20Strategies/family_meetings.htm.

Índice

A

Ação legal: contra cyberbullies, 135

Aceitação do grupo, 30

Aceitação, 202

Adultos bullies, 118-120

Agressão e fatores biológicos, 41; *ver* agressão permitida e recompensada, 52

Aharon, Itzhak, 40

Ajudar uma criança vítima de bullying, 95-96, 125-129; lidar com os pais de um bullying, 100-101; discutir por que o bullying acontece, 98-99; como a criança deve responder, 102-103; identificar estresse pós-traumático, 120-124; identificar o que provocou o bullying, 112; registros e diários, 98; perguntas a fazer, 97; denunciar ameaças e ataques, 117; sugestões para vítimas, 103; trabalhar com a escola, 113-117

Ambiente de família, 50

Ambiente escolar, 54-56

Ambiente social: discutir, 80-82

Ambivalentes espectadores, 180

Ameaças: denunciar, 117

American Academy of Experts in Traumatic Stress, 122

American Medical Association, 29, 193

Amizades, 65, 86; características dos bons amigos, 87-88; destruidor de amizades, 75-76; sugestões para fazer e preservar amigos, 87

Amor incondicional, 58, 84

Anderson, Craig, 45

Ansiedade antecipatória, 188

Antibullying, programas, 12, 14-15, 18, 27, 116, 129, 176, 177, 205

Aprender sobre seu filho, 90-92

Aprisionamento, 190-192, 196-198

Ariely, Dan, 40

Armas, 78-79

Ataques de ansiedade, 197-198

Ataques: denunciando, 117

Autoestima, 51, 67-71, 194-197

Automutilação, 30; caminho para, 186-187

Avaliação, 190

B

Beliscar, 19-20 *Ver também* bullying físico

Belsey, Bill, 131

Blogs, 133

Bradshaw, John, 195

Breiter, Hans C., 40

Bullies passivos, 24-25

Bullies puros, 24-25

230 PROTEJA SEU FILHO DO BULLYING

Bullies: adulto, 118-120; lidar com os pais de, 100, tipos de, 24

Bullis agressivos, 24

Bully vítima, 24-25

Bullying físico, 19-20

Bullying na vizinhança, 145; contato com autoridades, 150-151; apoio emocional para, 146; reunir e registrar informação, 148; planos de segurança, 147-149; sugestões, 152-154

Bullying relacional, 22-23

Bullying social, 22-23

Bullying verbal, 21-22

Bullying violento, 18-19

Bullying: definido, 18-19; discutir, 80-82; frequência do, 27; vs. conflito normal, 17-18; razões para 23, 24, 163-165; razões para prevenir e deter, 29-31; sugestões para deter, 173-174; sinais indicativos de, 35-37; quando e onde ocorre, 27-29

Bushman, Brad, 45

C

Carneal, Michael, 201

Cash, Tom, 40

Causas do bullying: crença na própria superioridade, 42; fatores biológicos, 41; desejo de controle e poder, 53; ambiente familiar, 50; medo, 48; mentalidade do grupo, 50; preferências inatas, 40; inveja, 47; preferências aprendidas, 42; violência na mídia, 42-45; valores da vizinhança e da comunidade, 53; nunca ser ensinado a não maltratar, 51; preconceito, 46; proteger a própria imagem, 47; reação à tensão, 52; vingança, 49; ambiente, 54-56; ver agressão permitida e recompensada, 52; egocentrismo, 49; autoestima, 51; violência nos esportes, 45; temperamento, 41

Chabris, Christopher F., 40

Ciúme, 47

Comissão Federal de Comunicações, 76

Comportamentos, questões: abordando, 72-74

Comunicação, 60-61

Conflito; vs. bullying 17-18

Constrangimento, 187-188

Controle: desejo de, 53

Conversa positiva consigo mesmo, 169

Cooperação: incentivando, 75

Correspondência sigilosa, 143

Corte, 30

Crença na própria superioridade, 42

Crise de confiança, 190-191

Cultos, 199

Cyberbullying, 131-132; cyber regras, 136; exemplos de, 132; atalhos de linguagem, 134; proteger seu filho de, 134-141; denunciar aos provedores de serviço, 139; denunciar à polícia, 141; software, 137, 141; tomando medidas legais, 141; sinais indicativos, 133; sites sobre, 143-144

D

Decisão de buscar ajuda, 202

Dellasega Cheryl, 99

Denunciar bullying; denunciar cyberbullyin, 141; ameaças e ataques físicos, 117-118; por que as crianças não contam aos pais, 33-35

Índice 231

Depressão, 120, 197-198
Desapontamento, 190
Desespero, 197-198
Desligamento, 192-193
Diário on-line, 143
Diários, 98
Diary Project, 143
Disciplina, 64
Discriminação: evitando, 82-830. *Ver
também* preconceito; racismo
Discutir bullying, 79-80
Dobson, James, 64

E

Eaver, Andrew, 54
Egocentrismo, 49
Elliott, Michelle, 77
E-mail, 133
Empurrar, 19. *Ver também* bullying
físico
Ensinar respeito, 62
Escolas: programas antibullying, 205
209; trabalhar com, 113-117
Espectadores do bully, 181
Espectadores esquivos, 180
Espectadores fortalecidos, 180
Espectadores vítimas, 180
Espectadores, 179-182; sugestões para
182-184
Esquiva, 192-193
Estágios, 1861; aceitação e decisão
de pedir ajuda, 202; ansiedade
antecipatória, 188; avaliação, 190;
esquiva e distanciamento, 192-
193; negação e inibição consciente,
193; desapontamento, 190;
aprisionamento, 190-191; ódio e ira,
200; desespero, ataques de ansiedade,

depressão e PTSD, 197-198;
irritabilidade, raiva e hostilidade, 197;
retaliar, 200-201; reviver, 189; sigilo,
192; procurar suprir necessidades,
199; mal a si mesmo, 201; vergonha
tóxica e baixa autoestima, 194-195;
trauma, 194; crise de confiança, 190;
vitimização, 187
Estratégias para escolas, 28-29
Estresse traumático, 120-124
Estresse, aliviar, 72
Etcoff, Nancy, 40
Eubanks, Janie, 45
Evitar estereótipos, 82. *Ver também*
preconceito; racismo
Exclusão, 22
Expressão de sentimentos, 66

F

Facções, 50
Falsas vítimas, 25
Fatores biológicos, 41
Fofoqueiros, 34
Força física, 70
Fotografias, 90
Frequência de bullying, 27
Funcionários da escola, 119: conversar
com, 174-176

G

Garbarino, James, 195
Grossman, Dave, 77
Grupos de discussão, 133
Grupos de incitação ao ódio, 125
Grupos de notícias, 133

H

Habilidades sociais, 86-92

232 PROTEJA SEU FILHO DO BULLYING

Hobbies: incentivando, 74
Hostilidade, 197
Humilhação, 187

I

Influências físicas no bullying, 40
Influências sociais, 41; crença na
própria superioridade, 42; desejo
de controle e poder, 53; ambiente
familiar, 50; medo, 48; mentalidade
de grupo, 50; inveja, 47; preferências
aprendidas, 42; violência na mídia,
42-45; valores da vizinhança e da
comunidade, 53; nunca ter sido
ensinado a não maltratar, 51;
preconceito, 46; proteger a própria
imagem, 47; reagir à tensão, 52;
vingança, 49; ambiente escolar, 54; ver
agressão permitida e recompensada,
52; egocentrismo, 49; autoestima, 51;
violência no esporte, 45
Inibição consciente, 192
Intimidação, 187
Ira, 200
Irmãos, 127; sugestões para, 156-158
Irritabilidade, 191

K

Kaiser Family Foundation, 43

L

Livros sobre bullying, 125-127
Lookism, 40

M

Medo, 48; lidar com, 126
Meninas; e bullying, 23, 26
Meninos: e bullying, 26

Mensagens instantâneas (IM), 133
Mentalidade vítima, 49
Mentalidade do grupo, 50
Modelos de papel, 59
Mueller, Walt, 44
Música, 45

N

National Institute of Mental Health,
122
Negação, 122
Nixon, Charissee, 99

O

O'Connor, Ethan, 40
Ódio, 200
Olweus, Dan, 51
Organização Mundial de Saúde, 27

P

Pais: lidar com os pais de um bully,
100; passar tempo com seu filho,
83; sugestões para interromper
comportamento de bullying, 173-
174; o que fazer quando seu filho
maltrata os outros, 163-173; por
que as crianças não contam aos pais,
33-35
Pensamento positivo, 71-72
Poder: desejo de, 53
Política: denunciar cyberbullying, 141;
denunciar bullying na vizinhança,
150-151; denunciar ameaças e
ataques, 117
Preconceito, 46; evitar, 82. *Ver também*
discriminação; racismo; estereótipo
Preferências, 40: inatas, 40;
aprendidas, 42

Prejuízo a si mesmo, 201
Pressão dos pares: discutir, 82
Procurar suprir necessidades, 199
Proteger a própria imagem, 47
Provocação, 19

Q

Quadros de aviso, 206

R

Racismo, 22. *Ver também*
discriminação; preconceito;
estereótipo
Raiva, 197; administrando, 73
Razões para bullying, 24, 163-165
Recording Industry Association of
América, 77
Recursos para pais, 78
Registros, 98
Regra de Ouro, 58-59; e tecnologia,
136-137
Regras de família, 62
Regras, 62
Respeito: ensinar, 62
Responder ao bullying, 101-102
Restrição, 20. *Ver também* bullying
físico
Retaliação, 200-201; caminho para,
186
Reuniões de família, 60
Revisões anuais, 83
Rigby, Ken, 51
Roupas, 86

S

Salas de bate-papo, 133
Sanford, Doris, 46
Schultheiss, Oliver, 41

Sentimentos: incentivar expressão de,
66
Serviço de Mensagens Breves (SMS),
133
Sigilo, 192-193
Sinais indicativos, 33-35; de
cyberbullying, 133; de que seu filho
está maltratando outras pessoas, 160
Sono, 59, 169
Suicídio, 30, 122-123; caminho para,
186
Supervisão, 63

T

Talentos: incentivando, 74
Temperamento, 41
Tensão: reação a, 52
Tiros na escola, 31
Tolerância Zero, 58, 168
Trabalho em equipe: incentivar, 75
Transtorno de estresse pós-traumático
(TEPT), 121-124, 197
Trauma, 194
Tripp, Tedd, 72

V

Valores da comunidade, 53
Valores da vizinhança, 53
Valores: valores de vizinhança e
comunidade, 53
Vergonha tóxica. *Ver* vergonha
Vergonha, 30-31, 194-195
Videogames, 43-44
Vingança, 49
Violência na mídia, 42-45, 76-78
Violência nos esportes, 45
Violência: evitar exposição a, 76-78; na
mídia, 42-45, 76-78; nos esportes, 45

234 PROTEJA SEU FILHO DO BULLYING

Vítimas passivas, 25
Vítimas perpétuas, 25
Vítimas provocativas, 25
Vítimas representativas, 25
Vítimas: características de, 86;
sugestões para, 103-111; tipos de, 25.
Ver também vítimas-bully
Vitimização, 187

W

Walsh, David, 44

Web sites, 205-206; sobre
cyberbullying, 143-144; sobre criar
filhos, 79-80
Wirth, Michelle, 41

Z

Ziglar, Zig, 69

SOBRE O AUTOR

Allan L. Beane, Ph.D., é um especialista em bullying reconhecido internacionalmente: dá palestras e escreve sobre o assunto, além de ser um consultor e educador de renome nacional. É presidente do Bully Free Systems, LLC, em Murray, Kentucky, e tem mais de trinta anos de experiência em educação, ao longo dos quais lecionou em sistemas de educação especial e regular, atuou como vice-presidente de uma universidade e como diretor de um centro de segurança escolar. Trabalhou como consultor em casos criminais e processos legais envolvendo bullying e participou de vários programas de televisão como especialista convidado. Seu programa antibullying foi notícia em publicações nacionais e internacionais, como *USA Today*, *USA Weekend*, *Time for Kids* e *Newsweek for Teens*.

O filho do Dr. Beane foi vítima de bullying no sétimo ano e no ensino médio. A vida de seu filho o inspirou a desenvolver o Programa Bully Free, que tem sido adotado nos Estados Unidos. Seu primeiro livro, *The Bully Free Classroom*, também está disponível em vários idiomas. Para mais informações, visite seu website: www.bullyfree.com.

Este livro foi composto na tipologia Minion-Regular,
em corpo 12/15, impresso em papel off white 80g/m²,
no Sistema Cameron da Divisão Gráfica
da Distribuidora Record.